關岡一成

人になれ人、人になせ人

クリスチャン・サムライ 海老名彈正

教文館

はじめに

福沢諭吉《ふくざわゆきち》（一八三四―一九〇一）は、明治維新前に三度欧米を旅して、現実の欧米人の生活を見聞した人である。かれはその体験から日本と欧米を比較して、欧米人が「その人権を重んずるの一事は、封建制度の門閥風に呼吸したる日本人の夢にも想像せざる所にして、眼前に之《これ》を見れば、唯茫然として心酔するのみ(1)」と記した。

海老名弾正《えびなだんじょう》（一八五六―一九三七）は、福沢とは二二歳年少の人であるが、幼少の封建時代を九州・柳河藩《やながわはん》で過ごした人である。かれも、その当時の日本は「階級制度の国であった。士農工商《しのうこうしやう》といつて、士は士たり、農は農たり、工は工たり、商は商たりで、其の社会的階級が、歴史的に厳存《げんそん》して居《を》つた。単に人の力を以《もつ》てしては、此の階級を破ることが出来なかつた。即ち『階級』があつて『人』がなかつたのである」。しかしそのような日本人に、「維新は『人間』といふ意識を日本国民に与へた(2)」と記す。

海老名は百石《こく》の武家の生まれであったが、「士農工商」の身分制が厳然として存在した封建時代に幼少年期を過ごし、維新で階級制度が解体されて行く中で、どのように自分を捉《とら》え、社会を捉えていくかに苦悩した。当初の「和魂洋才《わこんようさい》」「東洋道徳、西洋科学」も、開国により「和魂」「東洋道徳」が崩壊し、人間をどう捉えたら良いのか真剣に考えざるを得なくなる。

本書のタイトル「人になれ人、人になせ人」は、海老名が引用している古歌《こか》「人多き、人の中にも人ぞなき、人になれ人、人になせ人(3)」からのものである。古歌であることからもわかるように、徳川時代にも人間観は存在した。しかし、それが文明開化、近代日本の人間観として成立しなくなったといえる。

海老名は、「熊本洋学校」の学生時代、一八歳でキリスト教を受容し、八〇歳八ヶ月東京で死去するまで、キリスト者としての生涯を送った。海老名のキリスト者としての確信は「クリスチヤンになることによつて、人間になり得《え》るのである(4)」ということであった。

本書は、日本人として、プロテスタント・キリスト教を最初期に受容した人物の一人である海老名が、いかにして日本人として、独自のキリスト教受容をしたかを「人間の完成」という視点から、執筆したものである。

目次

目次

装丁 熊谷博人

凡例

一、人名の表記には、故人も生存者も敬称を略した。

一、引用に出てくる年齢は「数え年」で、本文では「満年齢」を記しているので相違する。

一、引用文には、差別語・不快語がそのまま用いられているが、原著者の思想を正確に伝えるために、引用文はそのまま記した。

一、引用文の「ふりがな」が〈 〉の有るものと無いものがあるが、〈 〉のふりがなは、筆者が付したものである。筆者の説明なども〈 〉で記した。

一、引用文には、極端に句読点が少ないものや誤字とわかるものがあり、それらは適宜句読点は増し、明らかな誤字や誤植は訂正した。

一、外国人名の表記が、引用文では「ゼエンス」・「デビス」などとなっているのが、筆者の文章では、「ジェーンズ」「ディヴィス」となっていて一定していないが、筆者の外国人名の表記は、すべて現在の表記によるものである。

一、注の書物の出版年は、西暦で統一した。

一、海老名の写真は、同志社大学人文科学研究所所蔵のものである。本郷教会牧師時代の五〇代前半のものと思われる。

第一章　忠孝の倫理

1　親に孝・殿様に忠

「親に孝」ということが何歳のころに意識されるようになったか、記したものはない。物心《ものごころ》がついた時に意識され、「孝親《こうしん》」は生まれた時からのもの、本能として人間にそなわったものということである。「孝」が倫理道徳の最初で基本的なものであることは、海老名も堅く信じていたものである。特に、八歳で実母をなくし、その時の悲痛が結婚する時まで人生の最大の悲痛であったことは、いかに親に愛され、慕う存在であったかを教えるものであった。親に対する「孝」は、愛を基本とするものであった。

「孝」に対して「忠」は、その愛する母の教訓として、七歳の時に自覚したものである。海老名は、母を失った悲しみの中で、母と過ごした日々を数えて、八歳八か月二〇日と記《しる》している。かれの記憶の最初は四歳のころなので、母との記憶は五年間ほどの短い間の記憶である。

五年に満たない母との記憶にある生活の中から、かれは何度も生前の母の教訓を生涯にわたり繰返し回想している。その母の教訓の中で、最大の教訓として海老名が記すのが、七歳の時の武士の魂ともいうべき殿様・藩主への「忠《ちゅう》」をわかりやすく教えてくれたことである。

　この年〈一八六四年〉の冬であつたと思う。一日、西風が烈《はげ》しく、みぞれが降り、私は茶の間で母の側に居り、火鉢の火に温《あたた》まつていた。母は針仕事をしておられた。門外で米吉《よねきち》のふれ声がした。母は、米吉は寒いだろうね、と言われる。私は、さぞ寒いでしようと答えた。すると母は、米吉は寒い目をしており、お前は火に温《あたた》まつている訳《わけ》がわかるか、と言われた。わかりませんと答えた。母は言うて聞かせようと言つた。米吉は寒い目をして働いて銭《ぜに》を取つて女房《にょうぼ》・子供を養つている。故《ゆえ》に戦《いくさ》が始まつたら、何処《どこ》に逃げていてもよい。しかし、お前は、ご先祖さまと殿様のお陰でこうして温《あたた》まつて三度のご飯を食べているから、戦が始まつたら、お殿様の馬前《ばぜん》で討《う》ち死にするのだ、と。私は慄然《りつぜん》として、皮膚《ひふ》に粟《あわ》を生じた。私は死ぬために生きているのかと、愕然《がくぜん》として覚悟を定めた。武士心《ぶしこころ》は、この瞬間に生まれたのである[1]。

海老名は、七二歳の時の回想では、この時の体験を「士《サムライ》といふ者の生涯は結局死を決するにあり、死する為に生きているとの自覚に入《はい》りたる時の悲壮さは今に思出しても悚然《しょうぜん》たるものがある。一命《いちめい》を主君に捧げた時、言ひしれぬ壮烈な力を覚えた[2]」と記す。
海老名は、この体験の一一年後にキリスト教を受容するが、神を「主君」として受容するものであった。「唯一神《ゆいいつしん》を見出《みいだ》して神と倫理的関係に入《はい》つた時の喜悦《きえつ》は何ともいへなかった。この倫理的といふは恰《あたか》も君臣《くんしん》の関係に似て居る(3)」と記している。

2　「天」

海老名は、明治維新を一二歳で迎えた。明治前後には、江戸市中では鼎《かなえ》の沸《わ》くような騒ぎであったが、柳河藩でも明治維新の際は、保守と進歩との二派があった。年少者にもその区別は理解できた。

只不思議に思はれた一事は、昨日まで勤王家《きんのうか》として、羽振《〈はぶ〉》りのよかつた人が、今日は牢獄に打ち込められたことである。噂によれば、攘夷家《じょういか》だから入牢したといふのである。佐幕《さばく》が尊王《そんのう》とならなければ、朝敵《ちょうてき》だといつたが、尊王家がまた入牢したとあれば、是《〈こ〉》れ亦《〈また〉》異様であつた。何某《〈なにぼう〉》は浪人《〈ろうにん〉》になつたと。藩籍を取り上げられたが、その人が忽《〈たちま〉》ち立身《〈りっしん〉》したとの噂がある。その時相《〈じそう〉》の急変は、雲の往来するやうである。昨日まで裸足《〈はだし〉》で行《〈ゆ〉》いたのが、今日は足袋《〈たび〉》をはいて横行する。多くの士族はルンペンとなり、月を追うて死地に陥りつつある。(4)

というような状態であった。

海老名にとっては、さらに決定的なことが起きた。一八七一（明治四）年八月に「廃藩置県《はいはんちけん》の詔書《しょうしょ》」が出されたことである。これにより、一八六九（明治二）年六月「大政奉還《ほうかん》」となり、藩主は柳河県知事になっていたのが解任され、東京移転を命じられ、柳河からいなくなったことである。

「命《いのち》かけても」という、絶対的存在の藩主を失なったことは、家禄《かろく》という経済的基盤を失うこととあいまって、人生の意味目的の喪失を意味するものであった。明治維新を実現させ、中央政府の官吏《かんり》となることが約束された薩摩《さつま》・長州《ちょうしゅう》・土佐《とさ》・肥前《ひぜん》の武士と異なり、その他の藩の武士は、ほぼこの海老名と同じ状況であったようである。

「札幌農学校《さっぽろのうがっこう》」で学んだ新渡戸稲造《にとべいなぞう》（一八六二―一九三三）もほぼ同じ状況であったが、かれはキリスト教受容前の精神的状況について、次のように描写している。

明治十年前後僕《ぼく》が学校盛りの時分《じぶん》には日本の国は、教訓に就《つい》ては（道徳とは言はぬ）砂漠の時代であつた。僕の十年代の時を顧《かえり》みると、年長者なり、先輩なり、親切に指導する者は甚《はなは》だ少かつた。有為《ゆうい》なる人物を育てるやうには、心掛けた人が沢山あつたが、正しい人間を造らうと言ふ事には心の中には、いづれも思つて居たらうけれ共、之《こ》れを形に顕《あらわ》して自《みずか》ら之《こ》れを個人に及ぼす事の甚《はなは》だ少い時代であつた。故《ゆえ》に神経質なる僕の如き者は、（僕と同感の青年が何万とあつたらう）縋《すが》りよつて、教《おしえ》を求めようと飢え渇いて居た者である。(5)

「忠孝」によって、人生観・倫理観に立脚していた者にとって藩主を失なったことは、精神・価値観の真空《しんくう》状態に置かれたような感じになった。

海老名は、母の死去により、母の行方《ゆくえ》を求めて宗教的になり、「其時《そのとき》若《も》し相当《さうとう》の牧師《ぼくし》なり伝道《でんどう》師《し》なりがあって、教訓《けうくん》したならば、十二分《ぶん》の教育《けういく》を受《う》くることが出来《でき》たであらうと思《おも》う(6)」状態であった。しかし、四、五年経過すると、この宗教的思想、感情もなくなった。明治初年の「神仏《しんぶつ》判然令《はんぜんれい》」が「廃仏毀釈《はいぶつきしゃく》」の運動となり、伝統や封建主義の破壊の風潮に影響されて、かれ自身は、神仏を破壊するような過激なことこそしなかったものの、廃藩置県のころには、

十六歳位《ぐらゐ》から段々宗教的な心持《こころもち》が薄らいで、磊落《らいらく》で粗暴な当時の書生風《しょせいふう》に化《くわ》せられ、別に神仏《しんぶつ》に不敬をすると云ふではなかつたが、唯何《ただなん》とはなしにインヂフワレント〈無関心〉になつて来た、是《これ》は此年《このとし》から英学をやり始めたことや、又其時代が廃仏毀釈《はいぶつきしやく》の盛んな時で、自然其影響も受けたのでありませう(7)。

と記すようになる。

藩は廃止され、藩主は東京移転、城は焼失、さらに廃仏毀釈などで、精神的なものがすべて破壊されていく中で、ただ一つのものが残されていた。それは「天《てん》」であった。

「天」は、儒教においては中心的なものであり、日本においては、神道・仏教とも混淆《こんこう》、「お天道《てんとう》さま」とされ、神的存在とされて受容されているものである。海老名は、藩校で漢学の基礎である素読《そどく》を終える程度の漢学の素養であったが、この漢学で「天」を知ったので、かれにとっては、儒教の「天」を意味した。

『論語《ろんご》』（雍也《ようや》篇）に「鬼神《きしん》を敬《けい》してこれを遠《とを》ざく、知《ち》と謂《い》うべし」とあるが、神・霊魂など不可解なものには、敬意だけははらっておくが、それと深くかかわらないのが知的であり、学問的であるとするのが、儒教を学び尊ぶようになった少年の当時の風潮であった。

小崎弘道《こさきひろみち》（一八五六—一九三八）も熊本の藩校「時習館《じしゅうかん》」での勉強を通して、神仏にかかわらないようになったことを記している。

> 私は十三歳で志《〈こころざし〉》を立て、以来、儒教主義の倫理道徳を守ることは熱心であつた。（略）私が儒教主義に熱中するや孔子の「鬼神《〈きしん〉》を敬して之《〈これ〉》を遠ざく」とある所に頗《〈すこぶ〉》る感服し、以来神仏には余《〈あま〉》り近づかない様にした。[8]

このような、精神状態で、海老名は「熊本洋学校」に入学した。

3　「愛国」に目覚める

海老名は、英語を少しは学習していたものの、「熊本洋学校《くまもとようがっこう》」はジェーンズ（一八三七—一九〇九）が英語で全教科を教え、テキストも全て英語であったから、日々の学科についていくことに全力を注がなければならなかった。海老名は幸いにも、一緒に入学した六三名の同級生の二三名が、最初の数週間に英語力不足でジェーンズにより退学させられるなか、残留することが出来た。

生徒の大多数は熊本人であった。他藩からの学生は海老名一人ということではなかったが、海老名にとっては初めての外国人であるジェーンズの徹底的英語教育、それに同じ九州人ではあっても、熊本人は柳河人とは、言葉・習慣にも違いがあり、遠慮がちであった。

しかし、英語づけの生活、熊本人生徒たちとの生活にもなれると、同級生の熊本人の学生とも親しくなった。

同級生の乾立夫《いぬいたてお》は、特に海老名が親しくなった生徒であった。乾は、のちに天皇の侍講《じこう》となり教育勅語《きょういくちょくご》の起草にも参与したことで有名な元田永孚《もとだながざね》（一八一八—一八九一）の塾に出入りした経験もあり、海老名よりは大分ませた生徒であった。

海老名は修養と精神的空白を埋めるため、学校の授業から解放される土曜日午後・日曜日に積極的に漢学塾に乾とともに参加した。

「熊本洋学校」は、もともと横井小楠《よこいしょうなん》（一八〇九―一八六九）を師と仰ぐ弟子達が中心となって創設・運営されたものであった。海老名が「熊本洋学校」に学ぶことが可能になったのも、柳河における小楠の弟子であった池辺藤左衛門《いけべとうざえもん》（一八一九―一八九四）の推薦によるものであった。

横井小楠は、一八六九（明治二）年、京都で「天主教徒《てんしゅきょうと》」の疑いを持たれて暗殺された人物である。熊本が生んだ傑物《けつぶつ》の一人としても注目すべき人物であるが、勝海舟《かつかいしゅう》（一八二三―一八九九）が、小楠を高く評価していたことでも有名である。勝海舟は、西郷隆盛《さいごうたかもり》（一八二七―一八七七）と共に、江戸を戦場になることを回避させたことで知られる。

その勝海舟が、横井小楠を次のように評価している。

> おれは、今までに天下で恐ろしいものを二人みた。それは横井小楠《しょうなん》と西郷南洲《なんしゅう》だ。横井は、西洋のことも別にたくさんは知らず、おれが教えてやったくらいだが、その思想の高調子なことは、おれなどは、とてもはしごを掛けても、およばぬと思ったことがしばしばあったよ。(9)
> 世間は生きて居る、理屈は死んでいる。この間の消息を看破するだけの眼識《がんしき》があったのは、まず横井小楠で、この間に処して、いわゆる気合いを制するだけの胆識《たんしき》があったのは、まず西郷南洲だ。おれが知人の中で、ことにこの二人に推服するのは、つまりこれがためである。(10)

海老名は学校の勉学に励むと同時に、学校の授業がない土曜午後と日曜日には柳河の師・池辺から推薦された竹崎律次郎《たけざきりつじろう》（一八一二―一八七七）の塾に毎週通い、竹崎の『大学』『論語』の講義を乾と共に熱心に聴聞した。

海老名のその頃の精神状態は、藩主を失い「忠」がなくなり、「孝」がすべてを支配していた。

> 私はこれまで家庭の人であつた。親思ひを以《もっ》て、私の凡《すべ》てを支配して居つた。夜入床《にゅうしょう》のときも、毎夜親を思ひ遣《や》つて眠つたのである。(11)

このような海老名の姿を見て「乾氏は、私を家庭の類型より脱せしめんと骨折つた。家と国とは、提灯《ちょうちん》とツリガネである。国に志《こころざ》すものは、家を忘れなくてはならない」(12)と諭《さと》した。

海老名は、この時「嘗《かつ》て主君の馬前で討死《うちじ》にする覚悟したが、未《いま》だ国家の為に一身を献する愛国者ではなかつた」(13)のだが、乾の言葉に奮起し、一日「父母の事、一身上の事、国家の事など考へたのであるが、断然一身を祖国に献《こん》すると決心するや否や、予は忽《たちま》ち別人となり、愛国者となつた自覚に入つた」(14)。

この「愛国者」となったことは、キリスト教入信前の最大の出来事で、この時より六〇余年後の回想でも次のように記している。

> 私にはクリスチヤンになる前に大きな問題がありました。儒教の感化を受ける迄は家庭主義

で親を以《もっ》て基《もとい》としてゐました。親に従ふ事の苦心は当時の青年が皆持つて居りました。私は之迄《これまで》親を以て絶対と見てゐました。儒教に於ても孝と言ふ事は大きな事です。一日明治六年晩春に私の腹中に驚くべき変化を来《きた》しました。其《そ》れは親を思ふと言ふ事は出来てゐたが国を思ふ心は出来てゐなかつたのが、此《こ》の時出来たのです。初めて愛国者になつたのです。之《これ》がため私は苦しんで殆ど一晩ばかり考へました。(15)

4 「愛国」と「忠君」

「愛国」というと、現在の私達はすぐ「忠君愛国」の言葉を思い浮かべる。海老名が一八七三(明治六)年の晩春とも初夏とも記している時期に自覚した「愛国」については、誤解を生じないように、さらにその時代の実態をよく理解しておく必要がある。

文明開化時代、明治一〇(一八七七)年初頭までの時代の「愛国」は、「忠君」と結びつけて説かれているものではない。

いわゆる学制時代(明治十年代の初めに至る啓蒙期《けいもうき》)に文部省の修身科《しゅうしんか》の教科書に指定した書物には共通して自主愛国《じしゅあいこく》の倫理が強調せられていたが、忠君の倫理は全く説かれていなかった。(16)

(略)

この忠義の軽視乃至《ないし》否定の風潮は、当時は封建制の倒れて日なお浅く、忠義の観念には旧幕時代の藩主への忠誠の記憶が残っていたために、敢《あ》えて天皇への忠誠を説かず愛国心を鼓吹《こすい》したものと考えられる。(17)

海老名自身も、「日本は忠孝の国だと云ふけれ共、王政復古で、徳川から天皇の御代《みよ》に変つて忠の本質に変化が起り、今迄藩主に捧げた忠を急激に天皇に捧げることは困難であつた(18)」と述べている。

海老名は、愛国者となって、ここに苦悩が始まったと記しているように、「親・家」思いから「国」思いに変ることにより大難関が生じる。「愛国」と「孝」との葛藤である。

5　「愛国」と「孝」の葛藤

海老名が「愛国」に目覚めたことは、父に衝撃を与えた。父も武士であったから、忠孝の精神を持ち生きていた人であった。しかし、藩主がいなくなり、「忠」の対象を失うと「孝」だけの人になった。藩と藩主を中心とする価値観が崩れ、家庭が価値の中心となり、長男の海老名を傍に置きたい気持ちが強くなる。長男を家に早く落ち着かせたいと願ってか、海老名が全く知らない女性と婚約もさせていた。「私の父親は家庭本位であつて、私が国家本位となつた時、其処《そこ》に忽《たちま》ち衝突が起つて、無限の悩みに落ちた」[19]。

「愛国者」になることは、「忠義《ちゅうぎ》のためには、親をも殺す」と同じように、「親」「家」とは両立しがたいものであった。

> 親を大切にすれば国を棄《す》てねばならぬ、国に忠であらうとすれば家庭を棄てねばならぬ。日本人が昔から苦労した処であります。愛国者の生活を行ふと親を思ふ暇がない。家庭か国か、大きな問題でした。何《いず》れかを大《だい》にすれば必ず衝突があつたのです。（略）国の為には親不孝にならざるを得ないのです。吉田松陰《よしだしょういん》〈一八三〇―一八五九〉が「斯《か》くすれば斯くなるものと知りながら止《や》むに止まれぬ大和魂《やまとだましい》」と言つた如く、国の為には親不孝にならざるを得ないのでした[20]。

「愛国」と「孝」の葛藤は、封建時代に武士が「忠」と「孝」の板挟みにあって苦悩したのと同じ問題・葛藤であった。海老名が、この板挟みにあって苦悩した体験を記す時、かならず共感を覚えて記すのが、頼山陽《らいさんよう》（一七八〇―一八三二）『日本外史《にほんがいし》』の平清盛《たいらのきよもり》（一一一八―一一八一）・重盛《しげもり》（一一三八―一一七九）親子の物語である。重盛は親孝行であり、また忠君の人として有名であったが、父・清盛が時の法皇《ほうおう》である主君と衝突し、その間にあって「忠」か「孝」かに悩む。

私共は外史《がいし》を読んだ頃には此《こ》の返《あた》り洵《まこと》に涙を絞つたものであります。「忠ならんと欲すれば、孝ならず。孝ならんと欲すれば、忠ならず。重盛の進退此《しんたいここ》に谷《きわ》まる」。洵《まこと》に腸《はらわた》をつん割《ざ》かんばかりでありました。(21)

「忠孝」の倫理は、中国の儒教では、「孝」が中心で「忠」はそれに次ぐものである。いわば「孝忠」ということになる。それが、日本武士においては「忠孝」と「孝」より、「忠」が重大視されるようになった。

実は日本の武士を作り上げた所のものは、君が大事か、親が大事かといふ此《こ》の問題で作り上げられて居るのでありまして、是《これ》は洵《まこと》に重大な問題であります。支那人は親が大事といふことに決めてしまつたのであります。忠孝何《いず》れが重きか、孝が重い、忠之《これ》に次《つ》ぐといふことになつたのであります。(22)

「忠孝」の問題は、藩主・大名にとっても大問題であったこととして、熊本藩が五四万石の大藩であったにもかかわらず、明治維新に薩長土肥の四藩に後《おく》れをとったことを次のように記している。

王政維新の時に熊本藩主細川家《ほそかわけ》の如きは、徳川家康《とくがわいえやす》〈一五四二―一六一六〉には非常にお世話になつた方で、それが忘れられない。所がどうも矢張り天子様《てんしさま》が大事だといふことになつて来る、どうしようか、だからもう彼等は何処までも公武合体《こうぶがったい》といふことであります。それで王政維新には立遅《たちおく》れた。どうしようかと議論が二つに分れた。即《すなわ》ち親に仕《つか》へようか、さうすると朝廷《ちょうてい》に背《そむ》く訳《わけ》になり、又朝廷に仕《つか》へようかといふ場合には、即ち徳川に対して済《す》まないといふので非常に躊躇《ちゅうちょ》しました、土佐藩なども恰度《ちょうど》さうでありました。土佐藩主の先祖山内一豊《やまのうちかずとよ》〈一五四六―一六〇五〉は非常に徳川の恩顧になつた人でありますが、あそこでは朝廷《ちょうてい》が大事といふことに決《きま》つたのであります。

「忠孝」の問題は、大は大名から、個々人の武士に至るまで大問題であり、去就《きょしゅう》については葛藤《かっとう》するところであった。「大義親《たいぎしん》を滅《めつ》す」が武士の標語であった。「親《おや》を大切にするといふことは、生れ付きに決つて居る、家庭道徳で決つて居るのであります」。「農工商は孝だけで宜《よろし》い、それで十分である、それに不足はない、何処からもそれを咎《とが》めないのであります」。

農・工・商人は、「親《しん》」だけで良い。しかし武士は、農工商の統治者であり、社会道徳の率先者・模範を示す必要がある。「義《ぎ》」の実行者でなければならない。義といふことは仁《じん》とは違ふのであります。仁は謂《い》はゞ生抜《はえぬ》きで自然に出て来るもの、それは親《しん》であります。仁の方から云ふと、親《おや》を大切にするといふことは、生れ付きに決つて居る、家庭道徳で決つて居るのであります。

所《ところ》が偖《さ》て義といふことになると、是は社会問題である。親子の様な生抜《はえぬき》きと少し違ふのであります。それ故に日本では農工商には義といふことはない、義は要《い》らないのであります。仁だけで宜《よろし》いのでありましたけれども、士となるとどうも此処《ここ》に義が起つて来て、そうして其処《そこ》に衝突を感ずるといふ様《よう》な訳《わけ》であります。それで今申上《もうしあ》げる様に、農工商は孝だけで宜《よろし》い、それで十分である、それに不足はない、何処《どこ》からもそれを咎《とが》めないのでありますけれども、士となると奉公人《ほうこうにん》でありまして、公《おおやけ》けに奉ずる者、所謂《いわゆる》パブリック・マンでありますから、パブリックの道徳をやらなければならぬ。併《しか》し何せよ是《これ》は非常にむづかしい問題でありまして、全く日本人の腸《はらわた》を絞つた訳であります。(23)

6　熊沢蕃山『集義和書』による解決

海老名は、「愛国」と「親」の板挟みの問題を熊沢蕃山《くまざわばんざん》（一六一九—一六九一）の『集義《しゅうぎ》和書《わしょ》』（一六七二年刊）により解決した。まず、海老名がどのようないきさつから、熊沢蕃山の『集義和書』に注目するようになったのかを記すことにしたい。

一八七二（明治五）年、一五歳の時漢文による入試に合格して、九月から「熊本洋学校」の二期生として入学することが決まった。海老名は正式に入学する九月まで、熊本で竹崎塾と洋学校の付属校のような役割をしていた属邸《ぞくてい》で、小楠の門下生から漢学を学ぶことになり、熊本に移転した。

竹崎が、横井小楠の教えを教授するとともに、常々《つねづね》生徒に教示していたことがある。それは、横井小楠が兄の横井時明《よこいときあき》の死去後親がわりになり、一八六五（慶応元）年、二人の甥・左平太《さへいた》（一八四五―一八七五）・大平《だいへい》（一八五〇―一八七一）を密航渡米させた。その際贐《はなむけ》として二人に持たせたのが熊沢蕃山の『集義和書』で、この書物は是非読まなければならないと、竹崎は塾生たちに勧めたのである。

ちなみに、「熊本洋学校」はアメリカに密航した二人のうち、弟の大平が肺結核でやむなく帰国し、藩主に西洋人の教育による学校の設立を強くすすめたのが直接原因で、実現したものである。ただ残念なことに、大平は洋学校の開校直前に死去して、開校を見ることはかなわなかった。

海老名は、柳河の藩校「伝習館《でんしゅうかん》」で漢学の「素読《そどく》」を終えていたが、漢学の思想については、これからというところで、熊本に来た。海老名は、熊本の漢学者から、『集義和書』と『近思録《きんしろく》』（一一七六年刊）の二書が、儒教思想を理解する上での必読書と教えられたが、実際読んでみて、儒教理解には非常に有益であったことを記している。

儒教思想を学ぶようになって初めて読んだ書物が『集義和書』であったが、この書で熊沢蕃山が論じている「私心《ししん》・本心《ほんしん》」論で、「愛国」と「孝」の葛藤を解決することが出来た。

蕃山は「国と親が何れ《いず》が重い」と言ふ所に、本心《ほんしん》の君《きみ》、本心《ほんしん》の親《おや》とは衝突しない。私心の君と私心の親とは論ずるに足らないと言ふ。此の蕃山の本心の親は私を親不孝としないのです。本心の親は表面の不孝を考へても真にはさう考へないのです。[24]

熊沢蕃山の儒教は、「陽明学《ようめいがく》」といわれる。日本の「陽明学」派の祖は、中江藤樹《なかえとうじゅ》（一六〇八―一六四八）とされ、熊沢蕃山は藤樹の門人とされる人である。

海老名は、「熊本洋学校」の生徒時代は、中江藤樹の書物は読んでいないが、卒業後に読んでいる。晩年は、熊沢蕃山を陽明学の父、中江藤樹を祖父とも表現している。

熊沢蕃山の師である、中江藤樹は、親孝行で有名であるが、その親孝行論は、現実の親でなく、天にある親を基準としたものである。「本心の親は天にある、之《これ》迄行かなければならない」[25]というものであった。

現実の親、私心の親を悲しませることになるが、本心の親は天にあり、これを基準として、親孝行を決めなければならないとの境地に達し、父を悲しませても愛国者になることを選び、「愛国者」と「孝」の難問題を克服し愛国者となった。

第二章　キリスト教受容

1　バイブルクラスに参加

精神的修養としては、儒教しか考えていなかった海老名にとって、ジェーンズによる一八七三（明治六）年九月の新学期からのジェーンズ宅でのバイブルクラス開始は、全く想定外の出来事であったことであろう。

諸藩の要所には、キリスト教禁止の立札《たてふだ》があり、キリスト教という言葉を口にすることさえはばかれる時代に、この年の二月に「切支丹禁制《きりしたんきんせい》の高札《こうさつ》」が撤去され、公認ではないものの黙認されることになった。この背景には、一八七一（明治四）年一一月より翌々年九月にかけて、明治政府が米欧に派遣した岩倉使節団《いわくらしせつだん》がキリスト教諸国から、明治政府が行っていた、潜伏《せんぷく》キリシタンの弾圧やキリスト教禁止の政策に欧米諸国の猛反発があり、やむなく黙認せざるえを得なかったという背景があった。

ジェーンズは、キリスト教の宣教師でなく、御雇外国人《おやといがいこくじん》教師で、教室内ではこの黙認以前も以後もキリスト教を口にすることはなかった。しかし夫人は、父がインドへの宣教師の経験がある人であったことや、ジェーンズ本人も「長老《ちょうろう》教会」（プレスビテリアン・チャーチ）の熱心な信者であったので、自宅でバイブルクラスを始め、関心のある者は参加するように呼びかけたのである。

海老名は、熊本洋学校に入学当初は、精神的なものとしては儒教のみを考えており、「東洋道徳、西洋科学」「和魂洋才」を考えていて、キリスト教は念頭になかった。しかし最初の半年で、発音・文法などの授業を終えると、その後には、簡単ながら英語の読本《リーダー》を読み始めた。

これは、海老名だけでなく、海老名より一八歳年長の、肥前《ひぜん》・佐賀の人で、長崎遊学時代には、宣教師フルベッキ（一八三〇―一八九八）から英語を習った大隈重信《おおくましげのぶ》（一八三八―一九二二）も同じであった。フルベッキに接し英語を習うことにより、それまで、欧米は軍艦・大砲など兵器では優《まさ》っているものの、精神的なものは、東洋が優っているという考えであった。しかし英語を学び、西洋にも道徳や精神的なものがあることに目覚める。

> 親《した》しく外人に親炙《しんしゃ》し、地理制度、歴史及び其の他の事物に関する種々の書籍を輸入し、是《これ》を読むに及んで、始めて彼《かの》国にも亦君臣《またくんしん》あり、其《その》制度、法律、然《ぜん》として備《そな》はり、其の宗教、文物まで亦《また》取るに足るものあるを覚《さと》れり。是《これ》に於て旧来の想像は全く破れ、外人の長所は単に器械兵制のみにあらざるを知れり（1）。

海老名も、ジェーンズの人間性に感心すると同時に、英語の読本《リーダー》には小鳥《ことり》さえいたわる物語があり、これまでの兵器や科学だけが優《まさ》っていると思っていたのが間違いであることに気付く。

　そのような背景もあり、ジェーンズのバイブルクラスには、英語の勉強のためとキリスト教の倫理についても知りたいという思いがあり、これに参加することにした。洋学校の生徒全員がこのバイブルクラスに参加をしたのでなく、かなり意識の高い生徒たちだけだったようである。海老名を愛国に導いた乾《いぬい》も参加者の一人であった。

　海老名は、絶えず、土・日に参加している漢学塾での儒教と比較しながらバイブルを読み、バイブルクラスに臨《のぞ》んだ。儒教との比較で、当初最大の問題は奇蹟の問題であった。また、「敵を愛せよ！」の教えも、理解に苦しむものであった。一緒に参加している乾《いぬい》から、「キリスト教では愛敵を教えているが、君はどう思うか？」と尋ねられた時には、「言下《げんか》に、それは邪教《じゃきょう》だ。君父《くんぷ》の仇《あだ》は共に天を戴《いただ》かずではないか。それに愛敵など邪教でなくて何であらう。乾も黙して何もいはなかつた」(2)というようなこともあった。

　キリスト教は黙認されるようになったが、邪教とされてきたキリスト教について生徒の間で議論し合うことができないので、それぞれが考えながら、進めるより仕方がなかった。海老名は、キリスト教と儒教との関係を一人悶々《もんもん》と考えていた。

　そのようなある朝、洗面所で生徒が顔を洗っている時、山崎為徳《やまざきためのり》（一八五九—一八八一）が偶然「ゴッド〈God〉は存在するようだ」と口走った。これを聞いた小崎弘道が「何、ゴッドの存在？」

とたしなめた。「山崎氏黙して去る。其後、誰もGodの語をいはない。然《しか》し私も密《ひそか》に考へかかつて居つた。心に浮び来つた問題である」(3)。

海老名は、山崎と直接この問題について話し合ったことはないが、山崎のこの偶然の発言に、同じ思いをしていることを感じ心強く思った。

この山崎と小崎のゴッドについての思いの違いについては、山崎はバイブルクラスに参加していたが、小崎は参加しておらず、そういう所からこの時点では、対応の違いが出たのではないかと筆者は考えている。

バイブルクラスで、ジェーンズは特に説教したり教理を説くことはなく、ただバイブルを朗読し、重要と思われる箇所の暗記を奨励しただけであった。それでも一年半の勉学により、キリスト教理解も深めることができた。そして、ほぼ知識として宗教としてのキリスト教は理解できたものの、どうしても祈禱するところまでには至らなかった。

海老名もその他の生徒も、ジェーンズがバイブルクラスで開始に先立って祈禱をしており、時には涙さえ流して祈るのに驚いていた。しかもその内容たるや、これまで生徒たちが目にしてきたご利益《りやく》祈禱や戦勝祈願とは異なる内容の祈禱であった。

海老名自身のこの時の心境はこうであった。

理屈では十分キリスト教の倫理は呑み込めて来たが、其処《そこ》に非常の邪魔があつて宗教的になれない。夫《そ》れは神に祈禱することであるが、私には夫《そ》れが出来ぬ。祈禱は一面神に媚《こ》び諛《へつ》らうのであるといふ考へが、深く印象せられて、神に祈禱をし願ひをするのは卑屈極《ひくつきわ》まつた事のやうに思はれ、且《か》つ授《さづ》けられたる脳力《のうりやく》を研《と》ぐは自家《じか》の分《ぶん》であつて、神に祈禱をするは不道理《ふどうり》であるとの感も起つた。神の実在は解《わ》かつて居るが、祈禱する気になれぬ。(4)

海老名は、神道・仏教のご利益的祈りには拒絶感があり、また道徳的にも、菅原道真《すがわらのみちざね》（八四五―九〇三）の歌ともいわれ愛唱されていた「心《こころ》だに誠《まこと》の道にかなひなば、祈らずとても神や守らん」(5)に共鳴していたので、「祈禱の必要はない」と思っていた。しかし、祈禱できるかできないかが、大問題となってきた。海老名は、祈禱問題さえ解決すれば、キリスト教が受容できるところまできたのである。

この祈禱問題の背景には、儒教の「天」を宗教的に把握するのか、それとも倫理として把握するのかの大きな問題にも悩み続けていたという背景もあった。孔子が重病になった時、弟子の子路《しろ》が病気平癒の祈りをしたいと言った時、孔子が「わたしは禱《いの》ること久しい」（『論語』述而篇《じゅつじ》）と答えた。この孔子の言葉を倫理的に捉《とら》える人は、孔子は、徳・誠の道を歩み（そのことが祈禱になる）しているので必要なし、と解釈する。宗教的に捉える人は、孔子は「天」に祈禱していた、と解釈する。儒教で述べる「天」は、「敬う」ものなのか、「信仰」するものなのか、という問題でもあったのである。

2　キリスト教受容

一八七五（明治八）年三月六日、土曜日夜のバイブルクラスの出来事である。いつもはジェーンズ一人で祈っていたのが、この日に限って生徒たちにも起立を求めて祈った。聖書も読み終わったあと、「今夜は祈禱について話したい」ということで、祈禱の意味を語り始めた。海老名は、もっとも聞きたいことであったので、一言も聞き洩らすまいと熱心にジェーンズの言葉に耳を傾けた。ジェーンズは、祈禱の意味を三点述べたが、その内の二点は祈禱の意味としてこれまで考えたこともないものであった。先ず第一は、

「祈禱《きたう》は造《つく》られたるものが、造物者《ざうぶつしや》に対する處《ところ》の職分《しよくぶん》である」といふのであつた。此《こ》の職分《しよくぶん》と云《い》ふ一言《ごん》が非常《ひじやう》に私《わたくし》の心《こゝろ》を動《うご》かした。此《こ》の一言《ごん》を聴《き》いた時《とき》には、恰《あた》かも光《ひか》り物《もの》がして落雷《らくらい》したやうで、私《わたくし》の頭《あたま》は全《まつた》く砕《くだ》かれた。深《ふか》く私《わたくし》の心《こゝろ》に合点《がてん》したのは、此《こ》の職分《しよくぶん》と云《い》ふことであつた。神《かみ》に造《つく》られた私《わたくし》が、我々《われわれ》を造《つく》り天地万物《てんちばんぶつ》を造《つく》りて且《か》つ之《これ》を支配《しはい》して居《ゐ》る神《かみ》の大御心《おおみこゝろ》を考《かんが》へて、一身《しん》を處《しよ》するは職分《しよくぶん》である。私《わたくし》一個《こ》の心《こころ》を以《もつ》てするのでなく、神《かみ》の大御心《おおみこゝろ》を伺《うか》がひ捜《さ》がすは人々《ひとびと》の職分《しよくぶん》である。臣《しん》が君《きみ》に対《たい》すると同様《どうやう》、日常《にちじやう》に處《しよ》することは職分《しよくぶん》でなければならぬ。私《わたくし》は今《いま》まで職分《しよくぶん》を怠《おこ》たつて居《ゐ》たのか、実《じつ》に不見識《ふけんしき》であつた。職分《しよくぶん》なれば腰《こし》もかゞむ、平身低頭《へいしんていとう》もす

る。職分《しよくぶん》の為《た》めに腰《こし》をかゞめるは屈辱《くつじよく》でないと云《い》ふ心《こゝろ》になつて、今《いま》までの頑固《ぐわんこ》な頭脳《ずなう》も砕《くだ》けて、始《はじ》めて神《かみ》との関係《くわんけい》が、君臣《くんしん》の関係《くわんけい》、主僕《しゆぼく》の関係《くわんけい》となつて了《しま》つた。是《こ》れは僅《わづ》か瞬間《しゆんかん》の精神状態《せいしんじやうたい》で、当時《たうじ》の光景《くわうけい》は今以《いまもつ》て忘《わす》れられぬ。(6)

ジェーンズは、第二に、

祈禱《きたう》は神《かみ》との交《まじは》りである。此《こ》の第《だい》二の交《まじは》りであると云《い》はれた時《とき》には私《わたくし》は恰《あたか》も春雨《はるさめ》の降《ふ》り注《そそ》がれた心持《こゝろもち》がした。砕《くだ》けて起《た》つことの出来《でき》ぬ、恐《おそ》れ慄《おのの》いた心《こゝろ》に、祈禱《きたう》によりて神《かみ》と親《した》しく交《まじは》ることを教《おし》えられたのであるから、実《じつ》に歓喜《くわんき》の情《じやう》は溢《あふ》れた。私《わたくし》は今日《こんにち》まで交《まじは》りを求《もと》めて居《ゐ》た。夫《そ》れは先輩《せんぱい》、高貴《かうき》の方々《かたがた》、智者《ちしや》、仁者《じんしや》に交《まじは》りを求《もと》めたのであるが、此《こ》の神《かみ》と交《まじは》ると云《い》ふ言葉《ことば》は、私《わたくし》に天啓《てんけい》のやうに聴《きこ》えて、宇宙《うちう》の大霊《おおれい》との交《まじは》りの中《うち》に入《い》ることは、如何《いか》に尊《たうと》いことであらうと云《い》ふ心《こゝろ》になつて、其処《そこ》に活《い》ける力《ちから》が生《しやう》じ、打《う》ち砕《くだ》かれた心《こゝろ》が活《い》き返《かへ》つた。(7)

第三は、「求め」であったが、これは、祈願であり、ご利益的・戦勝祈願のようなもので、これについては、「私《わたくし》は是《これ》を聴《き》かぬでも何《ど》うでもよい」(8)と記している。

かれはこの夜寄宿舎に帰ると、二人部屋なので声を出すことは出来ないので、黙禱ではあったが心からの祈禱をした。

海老名は、このクリスチャンになった時の心境を種々記しているが、儒教でなくキリスト教により、新生《しんせい》できたことを的確に表現しているのは、以下の文章だと思うので、それを引用することにしたい。

　私《わたくし》の宗教的生活《しうけうてきせいかつ》に入《い》りしは其《そ》の夜《よ》で、其《そ》の変化《へんくわ》は瞬間《しゆんかん》であつて、名《な》づけて新《あら》たに生《うま》る、と云《い》ふのは是《こ》れである。全《まつた》く生《うま》れ更《かは》つた精神状態《せいしんじやうたい》となつた。其《そ》の時《とき》から神《かみ》が私《わたくし》の精神《せいしん》の本位《ほんゐ》となつた。神《かみ》に就《つ》いての考《かんが》へは幼稚《ようち》であつたが、其《そ》の時《とき》は神《かみ》と良心《りやうしん》との間《あひだ》に電線《でんせん》が懸《か》つたやうで、自《じ》分《ぶん》がする事《こと》は如何《いか》に瑣細《ささい》な事《こと》でも、上天《じやうてん》に向《むか》はなければ済《す》まぬと云《い》ふ事《こと》になり、良心《りやうしん》は何事《なにごと》にも眼《め》を覚《さ》まし、顚沛造次《てんぱいざうし》にも、瑣事《さじ》にても一度《いちど》神《かみ》の大御心《おほみこゝろ》を伺《うかゞ》はなければならぬやうになつた。
　而《しか》してさうなつてからは、儒教《じゆけう》で誠意誠心《せいいせいしん》の修養《しうやう》を遣《や》つて居《ゐ》た時《とき》とは全《まつた》く異《こと》なつて来《き》た。儒教《じゆけう》の修養《しうやう》を遣《や》つた時《とき》には、善《ぜん》に趨《おも》むくことは難《かた》く、悪《あく》はなし易《やす》く、為《た》めに不断奮闘《ふだんふんとう》と意志《いし》とのみを用《もち》ゐて修養《しうやう》を積《つ》んだのであるが、恰《あたか》も坂《さか》に車《くるま》を引上《ひきあ》ぐる様《やう》で、瞬時《しゆんじ》と雖《いへど》も心《こゝろ》を緩《ゆる》めると下《した》の方《ほう》に逆戻《ぎやくもど》りをする、其處《そこ》で努力奮闘《どりよくふんとう》を続《つゞ》けるが、何時《いつ》も満足《まんぞく》することが出来《でき》ない。處《ところ》が神《かみ》と親密《しんみつ》な交《まじは》りが出来《でき》てからは、自然心《しぜんこゝろ》も強《つよ》くなつて、神《かみ》に向《むか》つて居《ゐ》るのが常態《じやうたい》で、心《こゝろ》が神《かみ》より離《はな》れて居《い》るのが逆《ぎやく》で、恰度平坦《ちやうどへいたん》なる大道《だいどう》に車《くるま》を押《お》すやうである。時《とき》に路傍《ろぼう》の溝《みぞ》に車《くるま》を落《おと》さうとする事《こと》がないでもないが、夫《そ》れは牽《ひ》き損《そこな》ひであつて、直《たゞ》ちに本道《ほんどう》に向《む》き直《なほ》さるゝ事《こと》が出来《でき》る。方向《ほうこう》は常《つね》に神《かみ》に向《むか》つて居《ゐ》るので、彼《か》の磁石《じしやく》が一定《てい》して北《きた》をして居《ゐ》るのと同様《どややう》である。勿論磁石《もちろんじしやく》も東《ひがし》に向《むか》ひ西《にし》を指《さ》すことはあるが、結局《けつきょく》北《きた》に向《むか》はなければ止《や》まぬ。斯様《かやう》に心《こゝろ》が神《かみ》の方《はう》に向《む》けらるゝのは、全《まつた》く生《うま》れ変《かは》つたので、恰《あた》かも時計《とけい》のゼンマイを裏腹《うらはら》にしたのと同《おな》じである。是《こ》れがキリスト教《けう》の悔改《くひあらた》めと云《い》ふのであるが、私《わたくし》は未《ま》だ罪悪《ざいあく》の悔改《くひあらた》めと云《い》ふことに就《つい》ては実験《じつけん》しなかつた。斯《か》くて私《わたくし》の精神《せいしん》は全然変化《ぜんぜんへんくわ》を来《きた》し、本心《ほんしん》は眼《め》を覚《さ》ましたので、此時《このとき》がクリスチヤンとなつた時《とき》であつた。(9)

海老名は、翌年の六月に洗礼をうけているが、「私《わたくし》のクリチヤンとなつたのは、其《そ》の前《ぜん》にあつて、是《こ》れは単《たん》に形式《けいしき》に過《す》ぎなかったのである」(10)と記している。

3　ジェーンズ

海老名にとって、ジェーンズは最初のアメリカ人であった。英語は、ジェーンズに出会う前に初歩の手ほどきを受けた経験はあるが、その時の英語教師は日本人だったから、実際に生《なま》の英語に接したのはジェーンズが初めてであった。

ジェーンズは退役軍人《たいえきぐんじん》ではあったが、アメリカで名門のウエスト・ポイント陸軍士官学校出身で士官学校での教育経験もあり、アメリカのサムライであった。

海老名は、実際に教育を受けてすぐに尊敬に値《あたい》し、師として仰ぐ人物と認めた。学校では、月曜日から土曜日午前中は、校内・寄宿舎にとどまるのが規則であったが、土曜日午後と日曜日は自由であった。熊本の生徒は、自宅にもどったが、海老名は、自宅が柳河で長期の休暇以外は寄宿舎に滞在した。熊本での最初の二年間は、熱心に小楠の門下の先生の漢学塾に通っていた。しかし、二年から始まったジェーンズのバイブルクラスにだんだん興味を持ち、また英語が上達したことも加わり、さらに土曜・日曜日に、ジェーンズの通訳として、同道することも加わり、ジェーンズの散歩や買い物への同道から、他の学生とは異なりジェーンズの人間性からより多くの感化を受けた。

「札幌農学校」のクラークも宣教師でなく、一信徒の御雇《おやとい》教師《きょうし》によるクリスチャンの感化による、「札幌バンド」誕生であった。しかし、クラークの滞在は実質八か月に対して、ジェーンズの熊本滞在は五年間で、しかも妻子を伴い洋学校では一人で全教科を教えており、その感化・影響力は、同じく宣教師でなく一信徒であったとはいえ、クラークとはくらべものにならないほど大きいものであった。

教室の授業と、私的な交流で教えられたこと、感化されたことの全部をここに記すことは出来ないが、二つの事だけを指摘しておきたい。まず第一は、海老名の視野の拡大にジェーンズが貢献していることである。

地理書は、実に面白かつた。十六歳までは、柳河領外には出なかつた。十七歳にして始めて肥後領《ひごりょう》に入り、日本を考え、十八歳にして、想像は六大州を雄飛《ゆうひ》するやうになり、太平洋を渡り、南北アメリカの山々川々都市を見物し、大西洋を渡り、欧州、アフリカ、西、南アジヤ、南洋諸島支那山河都市を巡視し、日本に帰朝《きちょう》すること、日に少くとも一回、日々の課業は骨が折れたるも、知らない田舎及都会を見物するやうに、未《いま》だ曾《かつ》てみないもの聞かない物を聞くと同様である。(11)

さらに天文学を学び、地球は平《たいら》でなく丸いものであり、太陽系を越えて銀河《ぎんが》又銀河、無数の銀河系に導かれ、ジェーンズが「汝等《なんじら》に天文学を学ばしむる目的は、汝等《なんじら》の心志《こころざし》を高等遠大ならしめんが為《た》めと曰《い》はれが、少くとも予自身に取りてはそうであった(12)」。

海老名の視野が、いつも世界的であったのは、この視野を宇宙まで拡大させた洋学校のジェーンズの教育が影響していることは間違いない。

第二は、人間が平等であることである。ジェーンズは、士官学校を卒業した年に南北戦争がはじまり、直ちに北軍の士官として従軍した人物であるから、奴隷解放の話には説得力があった。ちょうど日本でも「士農工商」が解体され、「三千万同胞《どうほう》」という言葉が言われるようになったのも、アメリカの南北戦争の影響ではないかと感じていた。

ジェーンズに感化・影響されたのは海老名だけでなく、他の同級生も同じであった。宮川経輝《みやがわつねてる》（一八五七—一九三六）は、熊本洋学校・同志社と七年間海老名と同級生であった人物であり、熊本洋学校時代にキリスト者になり、組合教会《くみあいきょうかい》の三元老《げんろう》（海老名彈正・小崎弘道・宮川経輝）として、牧師の生涯を送った人であるが、ジェーンズについて次のように語っている。

私は洋学校在学中、深くゼーンス先生の人物に敬服し、何《な》んでもあのやうな人になりたいと思ひ、或時率直《そっちょく》にゼーンス氏に向ひ「先生の如《ごと》き人物には如何《いか》にしてなれますか」と尋ねた。すると先生は「聖書を読みなさい。聖書を読んで居《お》れば必《かならず》立派な人物になれる」と答へられた。それ以来私は聖書を以《もっ》て、最もよき人格修養の書と信じ、自らも読み人にも読ましめ今日に至つて居るのである。(13)

4　英語によるキリスト教受容

横浜バンドの宣教師ブラウンとバラ、熊本バンドのジェーンズ、札幌バンドのクラーク、三バンドともに、英語によるキリスト教の教示ということでは同じである。伝えられたキリスト教の内容については、三者三様で異なることはさておき、英語で伝えられたことについて、考えておく必要がある。

ジェーンズは五年間熊本に滞在したが、どの程度日本語を理解したかは定《さだ》かでない。はっきりしていることは、クラスでは完全に英語だけであったことは間違いない。

ただ海老名のキリスト教受容を考える時、海老名が中国語訳の聖書を読んだことも重要であるが、キリスト教受容にあたっては、ジェーンズによる英語での教示が決定的であったことは忘れてはならないことである。

海老名が六五歳の講演で、キリスト教に入信した当時を回顧して「私共は英語で信仰に入れたのである」[14]と語っていることは重要である。

七〇歳の時の談話では、絶対的実在《ぜったいてきじつざい》については、儒教の教えから比較的早く理解できたものの、それを具体的にどのような日本語で表現するのかが思い及ばず、英語の表現によらざるを得なかったことを次のように話している。

> その頃吾々《われわれ》は所謂《いわゆる》八百万《やおよろず》の神《かみ》とか又は仏陀《ブッダ》といふものに対する信仰を失つてゐたが、この造化《ぞうか》の奥にはそんなものより遥《はる》かにエライものが実在《じつざい》するといふ考を以《も》つてヅンヅン進んで行つたものである。所がその実在を吾々《われわれ》は決して神《かみ》とは云はなかつた。若《も》しさう云つたら吾々《われわれ》は不快を覚えたかも知れない。つまり当時の吾々は神仏《しんぶつ》などと云ふ宗教的な呼び方は大禁物《きんもつ》であつた。所が幸《さいわい》のことにはそれを英語でCreator《クリエーター》だのRuler《ルーラー》だのGod《ゴッド》だのと呼んだものだ。英語で呼んで見ると妙《みょう》なものでそれがそのまゝ信ぜられた。即《すなわち》英語には何等《なんら》の先入《せんにゅう》もなかつたからである。あの神仏といふ語の与へる様な響は少しもない為めであつた。[15]

「God《ゴッド》」の日本語訳については、次項で述べることにしたいが、あまりこれまで指摘されていないことであるが、「祈禱《きとう》」という日本語を使用することにも抵抗感があった。熊本バンドの人々は、「祈禱」は「prayer《プレイヤー》」と英語を使っていた。よほど「祈禱」の日本語に拒絶感があったのか、熊本バンドの生徒たちがかれらだけで最初に持った祈禱会の日本語の名称は「天拝会《てんぱいかい》」であった。

海老名も参加した「熊本バンド結盟《〈けつめい〉》六十年記念会」では、「記念天拝会」が花岡山《〈はなおかやま〉》で開催されている。これを記した『ともしび』誌は、「天拝会と呼んだのは、特に結盟当時の称呼を其儘用《〈そのままもち〉》ひたものである[16]」と註釈を加えている。

5「God」の訳語

ギリシャ語原典での「Theos《セオス》」を日本語でどう訳すかは、大問題である。これは日本だけでなく、キリスト教が世界に拡大する上で大きな問題であった。特にプロテスタント・キリスト教がバイブルを信仰の唯一の根拠とするのでなおさら重要であった。

カトリックのフランシスコ・ザビエル（一五〇六―一五五二）が、最初通訳のアンジロウの提言でセオスを「大日《だいにち》」と訳して、真言宗《しんごんしゅう》の「大日如来《だいにちにょらい》」的なものに理解されるので、「大日」を変更してラテン語の「God」である「デウス（Deus）」を使用したことはよく知られていることである。

プロテスタント・キリスト教は、日本へは初めての渡来であったが、「セオス」が「神」と訳されたのには、日本に渡来する以前に中国への布教があり、中国で「セオス」が「神」と訳されていたことによるものである。

「God」の訳をめぐり、イギリスの宣教師が主張する「上帝《じょうてい》」と、アメリカ人宣教師の主張する「神《かみ》」が対立し、結局両者は別々の中国訳を出版したと言ういきさつがある。

中国では、このキリスト教の中心概念であるセオスをどのように翻訳するかで大激論があり、結局、イギリスの宣教師は「上帝」とし、アメリカ人宣教師は「神」としたといういきさつがある。両者は折り合わず、イギリス人宣教師は「上帝」訳を、アメリカ人宣教師は「神」訳の中国語聖書を出版することになった。

中国語の「神」と日本語の「神」は同じ漢字であるが、同義語ではない。筆者も何人かの中国人留学生に尋ねてみたが、一様に中国語の「神」は、「霊」英語の spirit《スピリット》 にあたる言葉ということであった。

このアメリカ人宣教師主導の「神」訳日本語聖書は、最初は分冊で、やがては全訳聖書が出たが、代表的な日本人指導者は、「神」を使用することに抵抗感があり、当初はほとんどが儒教的である「上帝」を使用していた。一八七二年から「神」を用いた分冊の聖書が出始めていたが、一八七六（明治九）年の花岡山での「奉教趣意書《ほうきょうしゅいしょ》」でも「神」は「上帝」とされている。また、一八八五（明治一八）年出版の植村正久『福音道志流部《ふくいんみちしるべ》』では「神」は「真神《まことのかみ》」「上帝《かみ》」としている。

海老名は、時期は記していないが、仏教学者である大内青巒《おおうちせいらん》（一八四五―一九一八）から、「神」ではなく「エホバ」としては、どうかと提案されたことも記している。

> 王政維新の時英語のゴッドは「神《かみ》」と訳されたが、この訳語を用《よう》ふることに就《つい》て基督信者《キリストしんじゃ》は余《よ》程《ほど》考《かんが》へたのである。何《なん》となれば「神」といへば我々日本人の頭《あたま》にはすぐ八幡天神様《はちまんてんじんさま》などが浮《うか》んで来る。それで初《はじめ》は「神」と言はずして英語のゴッドといふ連想のない語を用ひてゐた。然《しか》しそれでは英語の出来ない人には不都合であるので止むを得ず「神」といふ訳語を用《もち》ひた。又漢学の出来る人は詩経《しけう》、書経《しよけう》に見出される「上帝《ぜうてい》」といふ語を用《もち》ひた。
> 嘗《かつ》て大内青巒《おおうちせいらん》君が自分に「神」と言ふのをやめて「エホバ」と言へと忠告してくれたことがあるが、然《しか》しエホバはユダヤ民族の神であるから矢張り一般に了解《れうかい》出来る「神」といふ字を用ひるより仕方がなかつた。(17)

海老名たち最初期のキリスト教受容者もあつかいに困ったこの言葉も、日本語訳聖書が「明治以来いかなる出版物も及ばない最高の部数を発行しており、日本聖書協会の報告によると、一八七七年から一九四五年、すなわち終戦までに、実に千八十一万冊」(18)が出版され、日本人に読まれることになり、それまでの「神」の内容になかった超越的・唯一神のキリスト教の内容が加わり、海老名も安心して「神」を使用している。

6　伝道者になる決意

横浜バンド・熊本バンド・札幌バンドの青年たちは、知識人であり選ばれた者《エリート》であった。その中でも、特に優秀な青年が牧師・伝道者になったことについては、多くの疑問が寄せられるところである。

先ず、考えられることは時代背景である。海老名が「同志社英学校」に進学したのは、一八七六（明治九）年九月の事であるが、明治五・六年の就職状況について、新渡戸稲造が記したものがある。

明治五、六年頃の役人は試験制度は勿論ない、知人を辿《たど》つて地位を得たのであるから、政府の役人は薩長《さっちょう》を初め官軍《かんぐん》の士族によつて占められていたので、朝敵《ちょうてき》となつて戦つた者はなかなか就職することはできなかつた。[19]

熊本洋学校を卒業した、山崎為徳・横井時雄は開成学校（明治一〇年より東京大学）に進学しているし、同級生で同郷の由布《ゆふ》武三郎《たけさぶろう》も東京大学に進学しているので、学力的には能力はあったであろうが、明治九年当時、すぐに薩摩・長州・土佐・肥前の青年のように、官吏《かんり》としてどこにでも就職できたかは、疑問の残るところであろう。

西南《せいなん》の役《えき》（一八七七年）が終わって、急速に能力のあるものは、中央政府で就職できることになったが、海老名が熊本洋学校を卒業と同時に中央政府で官僚として就職できたかは疑問が残るところである。

しかしこのようなことは、客観的な時代背景からの説明であって、海老名に即した説明にはならないと思われる。というのは、その後、多くの人達が政治家・官僚になり、かれ自身も有力な政治家から政治への転身を勧められても遂に動じず、キリスト教界に留まったからである。

海老名・山崎・横井、三人が直接伝道に携わりたいと、ジェーンズに相談に行った時のことである。

ジェーンズは、決して牧師・伝道者の職が容易なものでなく、経済的にも厳しいものであることを説き、安易に伝道者になることを考えることのないように忠告した。


宣教師の職は、the most miserable occupation（最も惨憺たる職業だ）と言つて、壁に掛けられたヘンリー、マーチン〈Henry Martyn, 1781-1812〉の肖像を指して、このマーチンが宣教師の標本である。彼はOxford出身の俊才、一たび宣教師となり不変。ペルシヤ地方に艱難流労して死んだ。我々は、ドギモを抜かれ、斬死《ざんし》する気持になつた。唯《ただ》、愕然《がくぜん》、蒼然《そうぜん》、悄然《しょうぜん》として、先生の言《ことば》を聞くばかり。一言をも発しなかつた。先生は最後に、然《しか》し神命《しんめい》を受けた者には、宣教

師は the most blessed occupation（最も祝福された職業である）と結ばれた。(20)

このように、キリスト教の伝道者が決して、安易なものでないことをジェーンズから教えられたが、日本で身近に見る宗教家の姿もかれらが尊敬できあこがれるものでもなかった。日本でもっとも代表的な宗教家は、仏教の僧侶であったが、僧侶は武士の青年には、尊敬よりも軽蔑される職業であった。海老名自身、悪い事をすると父親から「寺にやるぞ！」と言われ続け、悪い印象しかなかった。これは海老名だけでなく、熊本藩の小崎弘道の回想にも、

元来従来《がんらいじゅうらい》の僧侶は農工商の三民にては貧困より出たもの多く、士分《しぶん》以上の人は何か失策《しっさく》か犯罪したものを僧籍《そうせき》に入れたので、信仰より道に入つたものは甚《はなは》だ少かつた。故《ゆえ》に一般人は僧侶を頗《すこぶ》る軽蔑《けいべつ》して居つた。(21)

とあるからである。

そもそも「熊本洋学校」の設立の趣旨がそうであったし、生徒の将来の希望もそうであったが、明治政府での政治家・官僚として役立つ人物を養成するというのが熊本洋学校の建学の趣旨であったし、生徒たちもその期待に応《こた》えるために、洋学校に学んだのである。かれらは、よるとさわると内閣を組閣《そかく》し、だれだれは何々省の大臣となることを夢見たのである。第一期生の小崎弘道は、こ

のように記している。

当時学生は、何《いず》れも将来は政治家若《も》しくば官吏《かんり》たらんことを以《もっ》て任《にん》ぜざるはなかつた。熊本藩は維新の際、藩論一致を欠き、立ち後《おく》れの気味あつたが為め、薩長土肥と共に其の勢力を角争《かくそう》する事が出来ず、常に雄藩《ゆうはん》より疎外視《そがいし》せらるゝが如き有様《ありさま》であつたのは同藩有志の何れも憤慨措《お》く能《あた》はなかつた所である。故に旧藩主を始めとして藩中の有力者は何《いず》れも洋学校の生徒の将来に望《のぞみ》を嘱《しょく》せざるはなかつた。生徒が学業の余暇《よか》藩中の有力者を訪《おとな》ふ事あれば、彼等は何時《いつ》も中央政府に於ける薩長土肥の跳梁《ちょうりょう》を語つて、後《のち》彼等に代《かわ》つて其の地位を占《し》めねばならぬ事を奨励せざるはなかつた。(22)

海老名は、ジェーンズがキリスト教布教を職業として選択したことに影響したことを次のように語っている。

私共がキリスト教の宣伝に一身《いっしん》を献《ささ》ぐる様《よう》になつたのは……矢張《やはり》ゼエンス先生が私共の使命選択の道を開拓したと云つて差支《さしつか》へないのであります。之《これ》からずつと君達は勉強して一体何になるつもりか。私共は銘々の想像して居る事を云つたのでありましたが、一方《いっぽう》ゼエンス先生は私共が自分で想像して居る様な事を私共の頭から取り去りたいと云はれました。「何、役人になる？　どうも日本人は支那式であつて、役人にならなければ国家のためにならないといふ考へを持つて居る。それはいけない。民間でも仕事は出来るものである。無理に役人にならなくてもよいと云ふ考へを持つて居て欲しい」と、さう云ふ事を言はれた。(23)

また時には、具体的に、日本の水利《すいり》に便《べん》なるを見て水力《すいりょく》による工業を説《と》き、又豪州《オーストラリア》から羊毛《ようもう》を取り寄せ、加工してシベリヤに売り出すことを説いていた。このようなジェーンズの教育により、次の時期に将来の希望を尋ねた時には、

横井は海産業、小崎は工業、宮川は機織〈はたおり〉、自分は農業と答へた。その時、田中源太郎といふ男が一人役人となると答へて一同に笑はれた。これはその時の空気を示すもので、民間にあつてことを為〈な〉さんといふ考へが盛〈さかん〉であつた。(24)

海老名は、熊本洋学校出身でのちに東大農科大学教授をつとめ終生農業振興《しゅうせいのうぎょうしんこう》にたずさわった横《よこ》井時敬《いときよし》（一八六〇—一九二七）が政治から農業に専攻を変更したのは、農業によって国家に尽そうと考えての進路変更であり、ジェーンズのこの時の教えの感化によるものだとしている。(25)

ジェーンズは、バイブルクラスを始めてから、さらに教育・宗教家の職業についても次のように語った。

農学なり、工学なり、商業なり、以《もっ》て殖産工芸《しょくさんこうげい》を進め国力を増進し、国民の位置を高むる事たるは疑ふ可《べか》らざる事である。又之《またこれ》を以《もっ》て一国の富力《ふりょく》を増進することが出来る事は間違ひない。されど之《これ》に比《ひ》して更《さら》に重要なる事がある。他《ほか》にあらず、国民夫《そ》れ自身の位置を進むる事、即ち知識を進め、その品性を高むる事である。是れは教育家宗教家の任《にん》すべき所であつて、其の事業たる国家に最も有用なると共に、又真に献身的の事業である。農商工業の発達を以《もっ》て国力を進むる事をなす人々は国家の実力を増加すると共に一身に於ても又その余沢《よたく》を蒙《こうむ》るものである。されど教育や宗教のことに従事する者は真に国家の為め、其一身を犠牲となすもので、終身貧困に安んぜねばならぬものである。而《しか》して日本を改造して、真正の文明国になすのは、一に宗教家、教育家たる者の責任にあるとなさねばならぬ。(26)

海老名が、クリスチャンになり、牧師の職を選んだのは、ジェーンズの感化もその一つであるが、もう一つは、横井小楠の教えの影響によるものであった。

横井小楠の教へによつて、政治の目的は、結局五倫五常《ごりんごじょう》を国民に守らせ、国家の品性を高貴にするにありと承知したから、政治家を辞して、偏《ひとえ》に国民教化に従事せんと転向《てんこう》することは名誉を擲《なげう》つたる者には、左《さ》まで難事ではなかつた。蓋《けだ》し、政治的権力を宗教的権力に転向し移したからである。私は、日本国を神の聖旨《せいし》に合《ごう》する国家となし、日本国民をして天民《てんみん》たらしめんと欲したからである。[27]

徳富蘇峰《とくとみそほう》（一八六三―一九五七）は、熊本バンドの一人で同志社でも学んだ人であるが、父・徳《とく》富一敬《とみいっけい》（一八二二―一九一四）が小楠の最初の門弟であり、小楠の思想についてもよく知る人である。一九二八年に、横井小楠について語ったものに次のような言葉がある。

先年、後藤子爵〈後藤新平《ごとうしんぺい》・一八五七―一九二九〉は、政治の倫理化を唱道されましたが、是《これ》には私共も至極御同感《しごくごどうかん》でありました。併《しか》しながら横井〈小楠〉先生のは政治の倫理化でなくて、政治そのものが倫理であります。政治を倫理化するのでなくて、政治が即ち倫理でなくてはならぬと考へたのであります。[28]

海老名は、この小楠の考えにも共鳴し、政治は倫理であり倫理は政治であるとの確信を得て、宗教家の道を選んだのである。

第三章　宣教師に神学を学ぶ

1　同志社英学校へ

海老名たちは、クリスチャンになると同時に、すぐにでも直接伝道に携わりたいと考えた。このような伝道に逸《はや》る生徒たちに、ジェーンズは伝道者になるためには、準備が必要であることを説き思いとどまらせた。ジェーンズは、神学については素人《しろうと》なので、生徒たちには神学を学ばせる必要があると考えていた。海老名は、ジェーンズが神学を知らなかったことを、晩年の回想であるが、このように語っている。

先生は物事を深く考へない人で、神学の理論などそっちのけの痛快児《つうかいじ》でした。バイブルには斯《こ》う書いてありますが、等《など》と質問でもすると、それは翻訳がまちがつてゐると、現下《げんか》にはねつけられたもので、何を訊《たず》ねても、殆《ほとん》ど満足な解答はえられなかつたのです。[1]

ジェーンズは、距離的に近い長崎の宣教師スタウト（一八三八—一九一二）と交流し、熊本に赴《ふ》任《にん》した際にもスタウトの家に泊まり、日本在住の先輩であるスタウトから、日本事情についても聞いている。

生徒たちが手にしたバイブルもスタウトに依頼して、入手したものである。学生たちのキリスト教への関心も、手紙で報告している。にもかかわらずジェーンズは、これまで全く交流のなかった新島襄《にいじまじょう》（一八四三—一八九〇）の「同志社英学校」を進学先としてすすめた。

新島は、密航して渡米、滞米一〇年の後帰国して、京都で「官許同志社英学校《かんきょどうししゃえいがっこう》」を開学したのは、一八七五（明治八）年一一月であった。

ジェーンズが、新島に協力して「同志社英学校」を創立した、アメリカンボードの宣教師・ディヴィス（一八三八—一九一〇）に初めて手紙を出したのは、一八七六年二月のことである。学校とはいえ、全くどのような学校であるかもわからない同志社に進学させるについては、同志社をバックアップしたアメリカンボードが、宗派にこだわらない立場にあったことも大きな理由であったようであるが、同志社が日本人の創立者である新島であることと、ディヴィスが志願兵《しがんへい》として南北戦争で勇敢に戦い大佐《たいさ》まで昇進した人物で、尊敬していたこともあったのではないかと思う。

海老名が、九月中旬に同志社に到着した時には、すでに新学期が始まっていたところであった。海老名が期待した同志社は、最悪の印象であった。

当時京都の同志社は、不完全な学校であつて、学校と云ふよりは寧《むし》ろ塾であった。日本の書生ゴロッキの寄り集まつた處で、孰《いず》れも放蕩無頼《ほうとうぶらい》の怠《なま》け者のみであつた。

この当時の同志社は、入試などもなく、英語を学びたくて宣教師に近づいた学生がほとんどであり、英語理解については海老名たちとは天地の差があり、四年間ジェーンズによって英語教育を受けた学生には、幼稚な教授内容には耐えられないものであった。

熊本からは、三〇名ほどの学生が同志社に進学したようであるが、ほとんどの学生が同志社に失望して、他の学校への転学を考え始めた。

この危機を救ったのも、ジェーンズであった。かれは熊本洋学校の任期を終え、大阪の外国語学校の英語教師として秋から赴任《ふにん》していた。洋学校で学んだ学生の不満が頂点に達した一〇月にジェーンズはディヴィスを訪問し、ディヴィス宅で学生たちも交えて話し合いを持った。

その結果、熊本洋学校の四年の課程を終えた、洋学校の一・二期生は、神学科（卒業証書には「余科」と記された）に、英語力の十分でない学生は「普通科」へと振り分けることにした。神学科は三年、普通科は五年ということもこの時に定めた。

『同志社百年史』（通史編一）の「同志社英学校余科履修科目」第一年次一八七六 Fall Term」が、「記録不明」とされているのは、このような事情にあったからと思われる。

2　宣教師の神学への不満

同志社の組織も、学科組織などについては、海老名たちの希望のものとなったものの、その内容について満足できるものではなかった。

「新約聖書」「旧約聖書」「教理学」「教会史」「牧会学《ぼっかいがく》」などが、海老名が神学科で学んだものであるが、「教会史」や「牧会学」など、事実的なものを学ぶ教科には疑問のもちようがなかったが、「聖書学」「教理学」（系統神学・組織神学）には大きな問題があった。

新島襄の「新約聖書」の講義に対しては、バーンズの注解書《コメンタリー》を日本語に訳しているだけ、という不満。ドーン（一八二〇―一八九〇）の「旧約聖書」の講義では、天地創造《てんちそうぞう》を紀元前四〇〇四年とし、創造の一週間も一日は二四時間とするなど、進化論に立脚し天動説でなく地動説に立脚していたジェーンズの教えと余りにも相違していて、受け入れがたいものであった。

さらに、最も重要な「教理学」においては、ディヴィスは、当時のオーソドックス神学に立脚し、聖書の一字一句も無謬《むびゅう》のものとし、イエスの肉体の復活、十字架の贖罪《しょくざい》を信じる立場であったので、学生たちはディヴィスを質問攻めにした。

熊本洋学校の「熊本バンド」と称される学生たちは、ジェーンズのバイブルクラスでバイブルに親しみ、彼等なりの読み方をし、さらに同志社で正統神学を学ぶことによって、ジェーンズが正統神学でなく、進歩的・合理的な思想の持主だったことを知ることになる。ジェーンズはバイブルクラスでも、前述のように、生徒が込み入った質問をすると、近く新しい翻訳が出るから、そちらを見よといったことを海老名は記している。恐らく、神学上の最大の問題は、ジェーンズがイエスの肉体の復活を信じていなかったことである。

チエンス先生は肉体復活説に反対であつた。一日我々の間で肉体の蘇《よみがえ》りはありしかとの質問起り、先生へ尋問した。先生曰《いわ》く天使来りて、キリストの肉体を地中海に投じたと、我々大なる啓示を受けた心地《ここち》して、黙諾《もくだく》した。(2)

3　正統主義神学へ

海老名は、教理学に最大の関心があった。ディヴィスの神学は、ジェーンズの教え、儒教の教えとも異なり、海老名を悩ませた。海老名は、後に「熊本英学校」校長の体験をして、校長として如何に新島襄の人格が優れていたかを認識し評価しているが、同志社に学生として在校中は、新島よりディヴィスに惹《ひ》かれていた。これは、海老名がもっとも関心があったのが、教理学であったことと南北戦争に従軍し、軍人的なところが気にいっていたのではないかと思う。

筆者が、ディヴィスの伝記を読んで驚いたことは、かれが日本での伝道当初、神戸在住の時、泥棒になやまされ、或日かれの家に入った泥棒を所持していた拳銃で威嚇射撃《いかくしゃげき》をして追いかけている事実である。同僚の宣教師が拳銃を使用したことに抗議し、そのような際には「祈るべきであった」と言った。「これに対して、ディヴィスは、祈りというものは、よい拳銃の支援があって始めて、神戸の強盗に効果があると信じています、と答えた(3)」。

これは、海老名が熊本洋学校で、クリスチャンになり、「奉教趣意書《ほうきょうしゅいしょ》」などを発表した際に、クリスチャンを輩出《はいしゅつ》したことにより、学校の存続を危ぶむ反対派の生徒に退校を要求され「右の頰《ほお》を打つものには、左の頰をも向けよ」の無抵抗主義に従い退校することを考えたが、ジェーンズに相談すると、正義のためには大いに抵抗すべきである。君等は学校の模範生である。退校せず断固としてやれ、と励まされている。ここにも、ジェーンズの軍人らしさを感じているが、ディヴィスにも同じような軍人気質を感じたのではないかと思う。

ちなみに、ジェーンズも拳銃を所持していた。人に対して威嚇射撃をした記事はないが、生徒たちの健康のために、牛肉を得るために、牛を殺す必要があった。しかし当時人々は仏教の影響で動物、とくに四足動物を殺すことを恐れていたので、誰も身近に殺す者がない。仕方が無くジェーンズ自身が、「牛は私が昔の陸軍時代の私のピストルで射殺した(4)」ということである。

海老名はディヴィスの死去に際しては、「デビス博士を憶《おも》ふ」と題する文章を『新人』に掲載した。

初代の同志社に於て学生の仰ぎしものは新島先生に非《あら》ず、実にデビス先生なり。当時有為《ゆうい》の青年の心を牽《ひき》ゐたるものはデビス博士なり。曾《かつ》て勇敢なりし軍人の面影自《おもかげおのず》から其風貌《そのふうぼう》に見るべく、未《いま》だ四十に充《み》たざる博士の気概《きがい》満々たる隆骨《りゅうこつ》は我党の士《し》をして初めて満足を得さしめ慰《なぐさめ》を與へたるもの也。[5]

と偲《しの》んでいる。

ビーチャー（一八一三―一八八七）を尊敬し、リベラルなキリスト教に立脚していたと思われるジェーンズとのキリスト教の相違に戸惑っていた海老名に転機をもたらしたのは、一年を終えた夏休みの夏期伝道であった。

一八七七（明治一〇）年夏休み、新島が安中《あんなか》訪問時に布教活動をし、関心を持った人々が聖書を読んでおり、リーダー格の湯浅治郎《ゆあさじろう》（一八五〇―一九三二）から新島に学生派遣を要請《ようせい》してきたのである。これに応じたのが海老名であった。

この夏期伝道にあたって、海老名が煩悶《はんもん》したのは、「聖書講義」を希望されたものの、聖書のどれを、どのような視点で講義するかが、中々定《なかなかさだ》まらなかったことである。

是《こ》れまで教場《クラス》に於て思ふがままに放言し主張し大胆に論議したのであつたが、聖書の解釈を過《あやま》るに至《いたっ》ては、聴衆に対し、私の責任は重且大《じゅうかつだい》である。勝手に放言高論《ほうげんこうろん》する筈のものではない。

若《も》し解釈を過《あやま》らば即ち人を過るのである。私は聖書学に於ては青二才《あおにさい》である。人をして天に昇らしむるも、地獄に落すも聖書解釈の如何《いかん》にあるのだ。(6)

このように悩み苦しんだあと、やっと多数のアメリカ人信徒が帰依《きえ》するアルバート・バーンズのマタイ伝注解書に立脚して講義することに決め、心やすんずることが出来た。

幸い安中での聖書講義は、漢学塾での「論語」「孟子」の講義とは異なっており評判がよく、毎回五、六〇名、多い時は一〇〇名の聴衆があるほどの人気であった。

海老名は、この体験を通じて、「ここに於《お》いて私は権威を重視し、私見《しけん》を立てざるやうになつた。是《こ》れは私に取つては一大教訓となつた」(7)。

同志社で学んで、安息日を遵守《じゅんしゅ》するようになったことも、変化の一つであり、同志社で宣教師たちに神学を学ぶことにより「我々は野生《やせい》のクリスチヤンであつたが、何時《いつ》とはなしに、正統のクリスチヤンとなつた来た」(8)とも記している。

4　第二の回心

一八七八（明治十一）年二月、二年の三学期中に、安中教会に行かざるを得ない問題が生じた。新島校長は「やむなし」と認めたが、ディヴィスや他の教師は、学業を中止しての伝道には反対であった。幸い海老名が行くことにより問題は解決し、あまつさえ、新島襄を迎えて「安中教会」設立を果たす事が出来た。また、東京での「第一回基督教徒大親睦会」にも「安中教会」代表として出席し、講演もした。夏には、夏期伝道で安中教会に伝道することになった市原盛宏《いちはらもりひろ》（一八五八―一九一五・後に横浜市長、朝鮮銀行総裁歴任）と交替《こうたい》して京都に戻った。しかし、体に異変が生じた。原因は、この伝道での過労だけではなく、読書に励んだ結果であるが、目を極端に酷使したため眼病になり、読書が不可能という状態になった。日本人医師だけでなく、宣教医のベレーやテーラーにも診察してもらったが、「失明しなければ、幸いである」と重病の宣告をされた。

書物は読めない、色をぬったりして、読めるようになるかと工夫しても読めない。急に回復もしないとも医師から言われている。あと一年となった学業を存続できるかどうか緊急の問題となった。

日々の学課は、読書が不可能であるから、学ぶ道がなかつた。浮田和民《うきたかずたみ》（一八五九―一九四六）君は、私の悲境《ひきょう》を憐《あわれ》み、自分は日々の学課を先《ま》ず自《みずか》ら調べ、而《しか》して後、復読するのである。我は、音読《おんどく》するから、君は聞いたら如何《いかん》と親切に告げて呉れた。私は、深くその友誼《ゆうぎ》を辱うし、毎夜聞学《もんがく》をして、兎に角、日々の課業《かぎょう》を中止しなかつた。(9)

学生生活を続行《ぞっこう》できる目処《めど》はついたものの、卒業後はどうするか、を考えざるを得ない状態になった。読書が出来ないので、時間だけはむやみに多く、散歩と瞑想とに時間を費やしていた。

クリスチャンになり牧師の道を選んだ際には、神を主君として自分はその臣下《しんか》として、大きな成果を挙《あ》げるつもりで、勉学に励んできた。「知《ち》は力《ちから》なり」という言葉は、フランシス・ベーコン（一五六一―一六二六）の言葉として有名である。海老名は、この言葉をベーコンの言葉と記していないが、少年時代にこの言葉を書物で読み、それ以来座右《ざゆう》の銘《めい》として、読書に励んできた。都会《とかい》の知識人を相手に伝道するためには、新知識を得る事は必須不可欠《ひっすふかけつ》と考えていた。

私は権力を得る唯一《ゆいいつ》の道として、熱心に知識を欲求したのである。私の権力といふは、国家の権力ではない。教会の権力でもない。心力《しんりょく》である。霊能《れいのう》である。当時私は、之《こ》れなしでは、日本教化《にほんきょうか》は不可能と見たのである。この権力の欲望、即ちこの欲望を遂《と》げしむる知識欲が、私の心底《しんてい》に牢固《ろうこ》として、抜くべからざる根拠を占めて居つた。之《これ》が、私を憂鬱《ゆううつ》たらしめて居つたのである。

私は五年前、私の一友人から、智者は智を貪《むさぼ》るといふを聞いて、貪智欲《どんちよく》を逞《たくま》しうし、奮闘努力《ふんとうどりょく》し来《きた》つた。私は、余《あま》りに智を貪《むさぼ》つた為めに、体を疲《つか》らし、眼を衰《おとろ》へしめた。私は之《これ》を実験しつつも、尚知識を貪《むさぼ》つて居つた。飲酒家が身体を傷つけつつも酒を貪《むさぼ》り、喫煙家が煙草《タバコ》の害を知りつゝ、煙草を貪《むさぼ》り、守銭奴《しゅせんど》が餓死するも、尚銭《ぜに》を貪る如く、否それよりも根強く、私は智識を貪つたのである。[10]

日本をキリスト教化するという大目的のための、知識取得の勉強ができない。この目的喪失《そうしつ》により、これまで出てこなかったさまざまな不平不満が出てきて、海老名を悩ませた。

> 〈知識獲得〉の欲望に生きて居る時は、邪念妄想《じゃねんもうそう》といふが如きも襲《おそ》ひ来《きた》らないのであるが、此欲望が消えて空虚となれば、邪念妄想といふべき性欲、怨恨《えんこん》、失望《しつぼう》、愚痴《ぐち》、反感《はんかん》、不平不満《ふへいふまん》等が、雨後《うご》の筍《たけのこ》の如く、発生し来るのである。貧《ひん》に病《やまい》が加《くわ》ふるやうである。我は落伍者《らくごしゃ》である。大望を投げ棄てて、田舎《いなか》の一農夫たるべきか(11)。

海老名は、眼病をきっかけに以前は「善と認めて取り入れんとしたる知識(12)」も、日本をキリスト教化したいという願望も、今は「罪」となってかれを苦しめることになったと記す。

> 私の煩悶《はんもん》は、知識か神か、孰《いず》れを取るべきかといふのである。私に取りては、神を選ぶべきことは自明《じめい》の理《り》である。寸毫《すんごう》も疑ひない。又確《またたし》かに神を選んで居る。然《しか》れども、断滅されたと思ふ知識の欲は、幾度《いくど》も復活して来るのである。此《この》欲は、功名《こうみょう》の欲、真理《しんり》の欲、聖人《せいじん》の欲を同伴して私を攻めて来るのである。故に戦闘は愈々《いよいよ》猛烈となり、深刻《しんこく》となり、残忍《ざんにん》となるのである(13)。

毎日のように、心中で煩悶、悲哀を味わいつつ、問題の中心は「欲望の不遂《ふつい》にある(14)」とわかり、煩悶・悲哀の根源となっている諸欲を断滅するしかないと考え、「諸欲断滅《しょよくだんめつ》の修養を実行した」(15)。

一一月下旬の事である。同志社に隣接する「京都御所《ごしょ》」の欅《けやき》の下で、神を愛するとか、日本の教化の欲望とかも、実は自己の名誉欲のためのものであり、「自己を中心として居る罪人ではないか」と、罪悪感に責められていた。

しかし、他方には「左《さ》らば、自分には何も善《よ》きものはないか。唯《ただ》、罪ばかりであるか」(16)という声もあった。

自省《じせい》に自省を重ねた結果、私の中に一片の善意志《ぜんいし》あるを見出した。神の聖旨《せいし》に従ひたい。神の聖旨《せいし》に一任したい。此の単純なる意志だけは、罪の汚《けが》れない。真に純真である。是《こ》れが神の赤子《あかご》であらう。此《この》赤子を神は喜び給ふのである。是れまで、神の忠義なる僕《しもべ》たらんと欲して、却《かえ》つて無益の僕となつた。何の奉公《ほうこう》も出来ない僕となつた。神は、私が智慧の人たるを求め給はず。功労多《こうろうおお》き忠僕《ちゅうぼく》たるを求め給はず。無能無力無知の赤子たるを私に求め給ふ。我は果《はた》して此の赤子たり得るか。この一片の赤心《せきしん》に神の赤子を見出し得る(17)。

明治八年の春、一夜熊本に在《あ》るJanes《ジェーンズ》宅に於て、神の忠僕《ちゅうぼく》は生れた。日本の武士が、変じて神の忠僕《ちゅうぼく》となつた。明治十一年の秋、京都大宮御所《おおみやごしょ》の中の島欅樹《けやき》の下、落葉の上、神の赤子呱々《ここ》の声を上げた。実に難産であつた(18)。

郵便はがき

料金受取人払郵便

銀座局承認

9367

差出有効期間
2021年1月
9日まで

104-8790

628

東京都中央区銀座4－5－1

教文館出版部 行

◉裏面にご住所・ご氏名等ご記入の上ご投函いただければ、キリスト教書関連書籍等のご案内をさしあげます。なお、お預かりした個人情報は共同事業者である「(財)キリスト教文書センター」と共同で管理いたします。

●今回お買い上げいただいた本の書名をご記入下さい。

書名

●この本を何でお知りになりましたか

1．新聞広告（　　）　2．雑誌広告（　　）　3．書　評（　　）
4．書店で見て　　5．友人にすすめられて　　6．その他

●ご購読ありがとうございます。
本書についてのご意見、ご感想、その他をお聞かせ下さい。
図書目録ご入用の場合はご請求下さい（要　不要）

教文館発行図書 購読申込書

下記の図書の購入を申し込みます

書　名	定価（税込）	申込部数
		部
		部
		部
		部
		部

●ご注文はなるべく書店をご指定下さい。必要事項をご記入のうえ、ご投函下さい。
●お近くに書店のない場合は小社指定の書店へお客様を紹介するか、小社から直送いたします。
●ハガキのこの面はそのまま取次・書店様への注文書として使用させていただきます。
●DM、Eメール等でのご案内を望まれない方は、右の四角にチェックを入れて下さい。□

ご氏名　　　　歳	ご職業

（〒　　　　）
ご住所

電話
●書店よりの連絡のため忘れず記載して下さい。

メールアドレス
（新刊のご案内をさしあげます）

書店様へお願い　上記のお客様のご注文によるものです。
着荷次第お客様宛にご連絡下さいますようお願いします。

ご指定書店名	取次・番線
住所	

（ここは小社で記入します）

海老名は、一八七五（明治八）年の第一の回心を「此《こ》の時がクリスチヤンとなつた時」と記《しる》しているが、「私は未《いま》だ罪悪の悔改《くいあらた》めと云ふことに就《つい》ては実験しなかつた」とも記している。それに対して、第二の回心は、罪悪からの解放であったことが主張される。別のところでは、第一の回心は、「倫理的回心」、第二は「宗教的回心」とも評している。

しかしここで覚えておきたいことは、内村鑑三《うちむらかんぞう》（一八六一―一九三〇）が、第一の回心から八年後に、アメリカ留学中に第二の回心を経験し、内村の場合も罪の問題の解決であったが、イエスの十字架の贖罪《しょくざい》による解決であったことである。海老名の罪からの解放には、イエスの十字架の贖罪はなく、「神の赤子」としての解放である。

5　安中教会牧師就任

一八七九（明治一二）年六月、海老名は浮田和民の助力もあり、無事「同志社英学校」「余科」の三年の課程を終えて卒業できた（ちなみに、浮田は熊本洋学校と同志社で学び、卒業後は、同志社教員となり、のちに早稲田の教授として活躍した）。海老名の卒業は、九月の誕生日前であったので、二十二歳の時である。

安中教会就任は、教会が海老名の卒業を待っていたことが安中赴任の最大の理由であったが、海老名自身の中には、読書できない状態は続いていたので、都会は無理で地方での牧師を願っていたので、喜んでこの安中招聘には応じた。

この年一二月には、按手礼《あんしゅれい》を受け、洗礼・聖餐式を司《つかさど》る資格を持つ正式の牧師に就任した。ここで記しておかなければならないことは、按手礼に先立ち牧師にふさわしいか新島襄・宣教師グリーンとアッキンソンなどから試験を受けていることである。これらの試験にパスして、按手礼式は行われる。かれらは「私に按手礼を授《さず》ける為、様々《さまざま》の問題を出し、私の解答了《おわ》つて、私の為、就任式を挙行されたのである[19]」。

「組合《くみあい》教会《きょうかい》」の名称は、一八八六（明治一九）年からのものであるが、この当時の組合系の神学は、正統主義・福音主義に立脚していたので、海老名もそれに乗っ取った解答をしない限り、合格しないものであった。海老名の按手礼は、組合教会では一八七七（明治一〇）年一月に、沢山保羅《さわやまぽうろ》（一八五二―一八八七）が按手礼をうけたのを初代に、六人目のものであった。ちなみに、新島襄は、アメリカで按手礼を受けている。

海老名が、五二歳に記した「神学思想の変遷」で「同志社学生時代から伝道当初の神学思想は正統派。米国学者中でも、いずれかというと極端なる保守派の説に凝《こ》つていた[20]」とは、この間の消息を記したものであろう。「極端なる保守派の説」とは、聖書無謬説《せいしょむびゅうせつ》で、神の言葉である聖書の一字一句も誤りがないとする説に立脚していたことである。

海老名は、一八八二（明治一五）年一〇月、二六歳の時、横井小楠の娘であり、横井時雄の妹であった一九歳の横井美屋《よこいみや》（一八六二―一九五二）と結婚した。読書が出来ない海老名は、妻に聖書を読んでもらい、あとは体験と交流のある安中の人々からの聞学《もんがく》により、説教をしていた。

安中教会での牧師時代、当初は半ページ、五分の読書がやっとであったのが、徐々《じょじょ》に眼病が恢復《かいふく》し、読書できるようになったことは、上州《じょうしゅう》での中心地前橋《まえばし》での伝道を志《こころざ》すようになる。前橋から東京、さらに家庭の事情で、熊本へと伝道の場を移《うつ》した。

どの地でも、キリスト教は大歓迎の時代で活躍ができた。この当時には、一八九〇（明治二三）年の国会開設時・第一回総選挙では、過半数の議員はクリスチャンであろうとの予想もされるほどのブームであった。

第四章　オーソドックスとリベラルの間で

1　反動の時代

破竹の勢いでキリスト教が伝播《でんぱ》したのは、一八八七（明治二〇）年迄であった。海老名は一八八七年より一八九七（明治三〇）年の一〇年間は「基督教《キリストきょう》の頓挫《とんざ》の時代」[1]としている。

西洋人が崇拝されていたのが、「第一高等中学校」対「明治学院」の野球が、一高のグランドで開催された日、明治学院を応援に来た、宣教師インブリー（一八四五―一九二八）が、急《いそ》いでいて正門から入らなかった為一高生に投打されるという、いわゆる「インブリー事件」が、一八九〇年五月に起きている。

しかし何といっても、キリスト教の頓挫の象徴的出来事は、「内村鑑三不敬事件《うちむらかんぞうふけいじけん》」であろう。この事件そのものについては、すでに多数の研究があるので、ここに詳細は記さないが、ここで紹介しておきたいのは、この事件のもう一方の主役を演じることになった井上哲次郎《いのうえてつじろう》（一八五五―一九四四）についてである。

海老名がどのようないきさつから、井上と交流することになったのか定《さだ》かでない。筆者は、義兄になった横井時雄《よこいときお》（一八五七―一九二七）が井上哲次郎と開成学校《かいせいがっこう》で一年間同級生で知己《ちき》であったので紹介され交流することになったのではないかと推測している。

海老名の初めての欧米旅行の歓送会にも井上が挨拶しているし、海老名の葬儀にも出席している。多分、海老名が本郷教会の青年会の組織ともいうべき「明道会《めいどうかい》」の会長であったので、海老名が直接か間接にか依頼して、明道会講演に井上哲次郎が「日本の徳教《とくきょう》に就《つ》きて所懐《しょかい》を述《の》ぶ」との題目で講演したものが『新人』に掲載されている。

井上は、一八八三（明治一六）年から六年間留学し、一八九〇年に帰国。一八九三（明治二六）年に「教育と宗教との衝突」を書いて、キリスト教徒との間に激論が交わされることになったことで有名である。

明道会のこの時の講演の中で、井上は、「教育と宗教との衝突」を執筆した当時を振り返り「一言弁明」しておきたいと述べて以下のように話している。

元来《がんらい》キリスト教は、外部から日本を刺激したものでありまして、其効験《そのこうけん》は決して軽視すべきものではないが、兎角《とかく》に其初《そのはじ》め外国的で、どうも日本国民徳教の中心となることが出来ない。単にその刺戟の材料たるのみでありまして、その当時のキリスト教は日本に入ること日尚浅く、精神上に於いては治外法権《ちがいほうけん》といふやうな有様《ありさま》で、独逸は独逸風、英国は英国風、又は米国風、仏国風といふ塩梅《あんばい》に、各自その国風を維持してトント日本国風のいかんを顧《かえり》みなかつたのであります。此《こ》の如《ごと》きからして日本の祭日《さいじつ》に国旗をかゝげぬことなども珍しくなく、キリスト教と国民的精神との間には軋轢《あつれき》あること免《まぬか》れぬ有様《ありさま》でありましたから、私もキリスト教に対して此《この》国民的見解を主張したのであります。勿論私の列挙《れっきょ》しました例証のうちには誤《あやまり》もありましたらうけれども、真実当時のキリスト教の弊風《へいふう》を一掃《いっそう》するにては多少貢献した事があツたと思ひます。それは後《の》ちに横井〈時雄〉君が私の許《もと》に来られて、君が曩日《さきのひ》かゝれたやうな弊風《へいふう》は確かにキリスト教界にあツたといはれたのを記憶して居ります。私の此事《このこと》を発表したのも、全く此等《これら》の外国的風習を主とする我日本のキリスト信者の反省を促《うなが》すにとゞまり、之《これ》をして真実国民的にならしめんとの真意に外《ほか》ならなかツたのであります。又之《またこれ》が為《た》めに幾分国民的精神をキリスト教信者に吹込んだ事と信じて居ります(2)。

海老名は、この頓挫・反動の時代に、改めて宣教師のキリスト教と自分の日本人としての体験とを比較考察せざるを得なかった。これは海老名の熊本教会・熊本英学校々長時代と組合教会の伝道会社々長時代・神戸教会牧師時代のことである。海老名が確信を得るまでの苦闘の一〇年間の心境について記したものとしては、次の言葉が最も適切であるように思う。

自分が真理の証明をなすに就《つい》て、信仰の生命そのものは実に有難いものであつたが、始めて聴いた学説にはどうしても満足することが出来なかつた。同志社にあつても神学はどうも甚《はな》だ心地《ごこち》よくなかつた。けれどもいよいよ伝道界に足を踏み出した時、幾分かこれを説いた、不本意《ふほんい》ながらこれを説《と》いた。学生時代に於ても已《すで》に或物があつた、けれどもそれは単に自分一人に止まつて人の上に説くべきものではない、それで矢張《やはり》教権の声に従つて居つた。若《も》し誤《あやまり》を伝ふるならば人を永遠の沈淪《ほろび》に陥《おちい》らしむる恐れがあつたので、つまり自信力が乏《とぼ》しかつたのである。如《し》かず寧《むし》ろ欧米先輩の説を伝へんにはと、最初約十年は、心苦しかつたけれども矢張これを説いた。然《しか》るに二十年より三十年にかけて追々疑《おいおいうたがい》を懐《いだ》き来《きた》り、自分の宗教的実験の進むにつれて漸々《だんだん》と旧套《きゅうとう》を脱して来た。天才なれば一断《いちだん》にしてゆける、けれども自分には一超勇断《いっちょうゆうだん》が出来なかつた。而《しか》して十年苦心の後いよいよ赤裸々なる信仰に立つたのは今より約十年前である。欧米には先輩もあるといふけれども何にせよ日本では始めてのことである。初代の信仰だから実に骨が折れた。(3)

残念ながら、このような回顧はあるものの、宣教師の神学から独立して、独自のキリスト教を主張するようになった一〇年間の具体的な記録はないので、筆者が理解する範囲で、筆者なりに、この間の小崎弘道・金森通倫・横井時雄の消息と海老名との関連から、確信を得るまでの一〇年を辿ることにしたい。

2 小崎弘道の「聖書のインスピレーション説」

日本人牧師で、最初に宣教師の神学に異論を唱えたのは小崎弘道とされる。小崎は、「三位一体」「イエスの肉体の復活」「イエスの十字架の贖罪」を信じる正統派の牧師であるので、奇異の感を持たれる人も多いことであろう。ここでは、どうしてかれが日本で最初の新神学の主張者とされるのか、小崎説に対して海老名がどう反応したかを見ることにしたい。

一八八九（明治二二）年六月二九日から七月一〇日、同志社を会場、ウイッシャードを校長に全国のキリスト教青年を対象として、第一回夏期学校が開催された。この翌年には、大磯《おおいそ》で死去した新島襄もこの時は健在で、かれにも会えるということもあり、全国からの学生三〇〇名と同志社の学生二〇〇余名が参加して、大盛況であった。

この時の講師の一人が小崎弘道であり、かれには「聖書論」が委《ゆだ》ねられた。当時日本にはリベラル派とされるドイツからの「普及福音教会《ふきゅうふくいんきょうかい》」が一八八五（明治一八）年に、アメリカからの「ユニテリアン」が一八八七（明治二〇）年に渡来、日本で活動しており、聖書をどう見るかは問題であった。小崎は記す。「ユニテリアンや独逸普及福音教会の宣教師が頻《しきり》に新神学や聖書の高等《こうとう》批評論《ひひょうろん》を主張しはじめた頃で、聖書に対するの態度を明らかにする必要があった」(4)から、このテーマで論じたというのである。小崎が主張したところは、

> 私は従来のインスピレーション説の誤謬《ごびゅう》を弁じ、高等批評《こうとうひひょう》の結果を大体容認すると共に、聖書の史的事実を承認し、聖書の記者は孰《いず》れも聖霊を受け高尚《こうしょう》なる精神を以《もっ》て書いたものであることを高調し、所謂《いわゆる》倫理的インスピレーション説を主張した。(5)

要するに小崎は、聖書には歴史・地理・天文学などの事が記載されており、聖書に記載されている全部が神の言葉で誤りがないというものではない。聖書の言葉全《すべ》てを無謬《むびゅう》とする説に反対し、「インスピレーション」というのは、著者の精神が聖霊により向上聖化して著述したということであり、誤謬がない真理を著述したのではないことを主張した。

今日では、進歩的福音主義者《しんぽてきふくいんしゅぎしゃ》と称する人々も肯定する聖書理解であったが、この説を聞いた同志社の教理学の中心にいた宣教師ディヴィスは大反対で、この講演会の記録集に小崎の講演を掲載することを拒否した。

> 然《しか》るに同志社の系統《けいとう》神学教授デビス博士の教説は之《これ》と全《まった》く反対で、聖書は神の啓示《けいじ》に由《よ》るものであれば、一点一画《いってんいっかく》も誤謬なしと唱へた。爰《ここ》に於て私の意見は過激危険思想であるとせられ、夏期学校の講演集を出版するに当りても私の講演丈《だけ》は掲載を見合《みあ》はされた。(6)

> 従来の信仰にては聖書は神の言葉なれば、その批評的研究をなすも、敬虔の念を欠くが如

き感想なきを得なかつた。況《いわ》んや誤謬や矛盾あるが如きは如何《いか》にしても許すことを得なかつた。聖書は信仰の基礎なれば、之《これ》に対して疑を起すことあれば信仰の根拠に動揺なきを得ないわけで、恰《あたか》もアーチより一個の石を抜き去らば全体の瓦壊《がかい》を来《きた》すが如く、聖書中一箇所の誤謬を発見すれば、之《これ》が為め聖書に対する全体の信用をうしなはしめ、其結果信仰の顚覆《てんぷく》を来《きた》さゞるを得ない。(7)

この時、小崎説に反対したのは、ディヴィスだけではなかった。日本人の牧師で、のちには新神学の主張者になる、金森通倫《かなもりつうりん》(一八五七―一九四五)・横井時雄も小崎説に反対したのである。ただ、この時には熊本で伝道していて、この集会には参加していない海老名が『六合雑誌《りくごうざっし》』に掲載された小崎説を読んで小崎に賛成であることを知らせたのか、小崎は次のようにも記していることである。

其頃《そのころ》金森はデビス教授等と略《ほぼ》同意見を保持し、私の説を以《もっ》て信仰の基礎を崩すものと為《な》した。横井も稍《やや》々似た意見であつたが、独《ひと》り海老名は私に賛成であつた。(8)

3　金森通倫の離脱

一八九〇（明治二三）年一月、新島襄が死去した。当時「同志社校長」をしていた金森は、新島の後継者とも目されていたが、二代目社長として小崎弘道が選ばれ、金森は小崎が牧会《ぼっかい》していた東京・番町《ばんちょう》教会に招聘《しょうへい》されて牧師となった。

金森の「回顧録」を読んでも、前年に小崎が「聖書のインスピレーション」に反対したかれが、さらに本格的なユニテリアン的な信仰にどうして変わったのかは、具体的に記していない。金森は、番町教会牧師を一年たらずで辞表を提出し辞任した。

日時は記していないが、教会の信仰と金森の信仰の違いが明らかになり、金森に教会の役員から講壇から自説を明らかに述べて欲しいとの要請があったことがあり、辞任を覚悟してある日説教した。

> わたしは無論《むろん》自説を隠して、教会と調子を合わせてゆくような考えは毛頭《もうとう》ない。寧《むし》ろ教会を私の神学で教育してゆく積《つ》もりであったから、悦《よろこ》んで、その請求に応じてある日曜礼拝説教の時、約二時間に亘《わた》りて私の新神学を述べ、又日本将来の基督教は必ず新神学で行かねばならぬ。いつまでも旧神学に拘《かか》わって居るのは時勢後《じせいおく》れであると言って、随分激しく旧神学を攻撃したのであった。議論は明々白々であったから教会の私に対する態度は一遍に決まってしまった。
> 私もその日すぐに辞表を出した。(9)

一八九一（明治二四）年六月、金森は『日本基督教並ニ将来之基督教《にほんきりすときょうならびにしょうらいのきりすときょう》』を出版した。この書物は、「日本プロテスタント史」では注目される書物であるが、この書にまつわる金森の回顧では、「『現今並びに将来』と言う文字を表題の中に入れたのは、日本の基督教も現代は保守的正統的であるが、将来は必ず進歩的新神学に変わると言う意味を含ませておいたのであること。この書の著作について、金森の片腕となってその力をかしてくれたのは同志社の教え子である大西祝《おおにしはじめ》（一八六四―一九〇〇）であり、かれは内容から文章まで懇《ねんご》ろに手を入れ巻頭《かんとう》にエマーソン（一八〇三―一八八二）の詩のなかから一句を引いて之《これ》を英文で入れたこと。原稿はその頃軽井沢にあった桂太郎《かつらたろう》（一八四七―一九一三）の別荘で執筆し、出版費の七〇円を桂が出したこと。出版社は博文館《はくぶんかん》であったが、出版社がこの種の書物が売れるかどうか心配したが、「然《しか》るに待ち構えて居た日本の基督教社会は、一週間経《た》たぬ間にその第一版を呑み尽くしてしまった。そして忽《たちま》ち一大センセーションを惹起《じゃっき》した。反対攻撃の矢は八方から放たれた」[10]と記している。

かれは、この書で、聖書の無謬・キリストの神性・イエスの刑罰代償説《けいばつだいしょうせつ》に反対し、キリスト教の救いは、神と人との和合《わごう》にあるのでイエスはその先駆者であるとした。

金森は、番町教会牧師を辞任するとともに所属する組合教会からも離脱することにし、一八九二年三月、大阪教会で開催の第七回組合教会《くみあいきょうかい》総会の席上脱会届けを出した。

大阪で開かれた組合教会の年会《ねんかい》に出席して、私の新神学説は全然当時の組合教会の信仰とは異なっているから、此《こ》の上此《こ》の教会に止《とど》まるべきでない。此の際断然退会したいと言う意見を述べたら、誰一人之《これ》を拒《こば》むものなく、満場一致で私の退会を許した。これは当然の結果であった。当時の組合教会の牧師中には未《いま》だ一人も新神学を主張するものはなかった。(11)

金森は、大阪での総会で「満場一致」で退会が認められたと記している。海老名もこの総会には参加していて、退会に賛成した一人であった。海老名は、金森の退会に賛成した理由を次のように記す。

我は金森氏《かなもりし》に少なからぬ同情を表したれども、同氏《どうし》に反対したのは、その思想《しそう》にあらずして、寧《むし》ろその行為《こうい》の変化にあつたのである。我が神学思想は思想そのものを重んずるにあらずして、心内の実験を重《おも》んずる所から発したのである。(12)

海老名は、金森の「行為の変化」の具体的なことについては記していない。他にも金森については「素行《そこう》上にも多少の非難をうけられし事もありしが(13)」との証言があるが、こちらも具体的にその非難を受けた素行そのものを記していない。

筆者は、金森の変化した行為は、「禁煙《きんえん》から喫煙《きつえん》への変化」ではないかと考えている。筆者がそう推測する理由は、金森の回顧に、次のような記事があるからである。

私は、……七、八っの頃まで母に抱かれて寝ていたが、夜中母が起きて煙草《タバコ》を吸うと、私も起きて煙草の代《かわ》りにサツマ芋を食う。私の寝床《ねどこ》の側には何時《いつ》も焼芋がおいてあって、これを食って煙草の代用にした。ところが、後には、とうとう母の煙草に手を出してそれを喫《す》う様《よう》になり、とうとう幼い時から煙草喫みに成つてしまった。是《これ》が一生涯私をして煙草好きで通さした原因である。(14)

熊本洋学校・同志社では、禁酒禁煙は全員が守っていたので、金森は学生時代、牧師時代はこれを守っていた。ところが、番町教会牧師になり、新神学に移ると同時にこの禁煙を破ったようである。そのいきさつはこうである。

桂太郎は、後に侯爵となった長州出身の人であるが、桂夫人が番町教会の信徒であった。ちょうど金森が番町教会牧師に赴任した時に、夫人の葬儀をしたのが縁で、桂自身は海軍次官でまだ当時は、無爵でクリスチャンでもなかったが大変気にいられ、葬儀後には毎週一回自宅に招かれるほど親しくなった。

桂《かつら》はドイツ語も英語も出来る洋学者で、その書斎には西洋の文学、哲学の書が大分集めて居た様だった。話は何時も各方面に渉《わた》り宗教談を専《もっぱ》らにした。桂氏は又煙草《タバコ》が大好きで話をしている間に葉巻《はまき》を三本位ふかして部屋中を煙で暗くする位であった。明治天皇が陸蒸気《おかじょうき》と綽名《あだな》された程の煙草ふかしであった。私も一本位は相伴して居た(15)。

海老名が熊本洋学校学生時代、愛国に目覚め、愛国者になるきっかけは、同級生乾《いぬい》立夫《たてお》の感化がきっかけであったことは既述したとおりである。ところが、ともに漢学とバイブルクラスに参加し修養に努めていた乾と別れることになった。それも素行の問題であり、かれが禁煙の掟《おきて》を破っていたことによるものであった。日時は記していないが、乾がベッドでかくれて禁止の煙草をすっていて、失火さわぎを起こした。海老名はこの乾の行為で、乾の言っていることと行為のギャップから絶縁したことがあった。乾がどの時点で退学したのかわからないが、海老名とは一緒に卒業していないので、途中で退学したようである。

４　信仰告白の制定

一八八六（明治一九）年、「日本組合基督教会」が設立された。その時「信仰《しんこう》箇条《かじょう》」として、「福音同盟会《ふくいんどうめいかい》」の教理的基礎九箇条がそのまま採用された。ところが、わずか六年後の一八九二（明治二五）年に、「組合教会信仰告白」を制定せざるを得なくなった。

ローマ・カトリック教会においては、聖書の権威ある解釈は教皇《きょうこう》に委《ゆだ》ねられる。しかし、プロテスタントは、教皇制を否定して聖書そのものを権威とした。ところが、この聖書の無謬性が疑問視され、解釈にさまざまなものが出現するに及んで、各教派でそれぞれ解釈をする必要が起きた。

一九世紀後半には、ほとんどのプロテスタントが、世界的にこの問題に直面した。日本では「普及福音教会」「ユニテリアン」「ユニバーサリスト」の渡来と影響、さらに組合教会では、金森通倫の新神学への転向、組合教会脱退の影響をもろに受けて、ここに信仰告白（信条）の制定が必要になったのである。

五名の委員が選出されて原案の作成にあたったが、中心になって作成したのは、小崎弘道であった。かれは、使徒信条《しとしんじょう》をはじめ各派の信仰告白を調べ、最後的にはカリフォルニアの会衆《かいしゅう》教会《きょうかい》の信仰告白が、理想に近いとして採用して五項目からなる信仰告白を作成した。

一、我儕《われら》は聖書に於て父《ちち》、子《こ》、聖霊《せいれい》として示されたる無限純然《むげんじゅんぜん》たる独一《どくいつ》の神を信ず。

一、我儕は神にして人となり世の罪人《つみびと》を救はん為に苦痛を受け死《し》して甦《よみがえ》り給ひし耶蘇基督《やそキリスト》を信ず。

一、我儕は新なる生命を与へ給ふ聖霊《せいれい》を信ず。

一、我儕は神の感化によりて成《な》り而《しか》して我儕に救を得せしめん為《ため》に智慧を与ふる聖書を信ず。

一、我儕は聖なる教会、水のバプテスマ、聖晩餐《せいばんさん》、聖《きよ》き主《しゅ》の日、永遠の生命、死者の復活及び正しきを信ず。[16]

海老名は、この制定に対しては、三位一体《さんみいったい》の神や死者の復活の内容に反対した。しかし、最終的には海老名も賛成して成立した。

ここで重要なことは、組合教会の総会などの決議の性格が、他派の総会や大会とは大きな相違があることである。即ち、組合教会においては、決議が各自・各教会を拘束しないことを承知していたから、海老名は賛成しているのである。

これは、「日本基督教会」が、田村直臣《たむらなおおみ》（一八五八―一九三五）の英文"The Japanese Bride"（『日本の花嫁』・一八九二年刊）が、日本の恥辱《ちじょく》を世界にさらした、ということで、「日本基督教会」の教職の剝奪《はくだつ》を大会で決定し、田村もそれにしたがわざるを得なかったのとは異なる。先に紹介した金森通倫の場合は、自らが退会届を出して総会が認めたのであり、総会が退会を決定したものではなかった。

5　横井時雄と新神学

一八八九（明治二二）年に、小崎弘道の「聖書のインスピレーション」に反対した横井時雄は、金森の説に真っ先に反対し攻撃した。

金森の「回顧録」である。

日本に於いての新旧神学の戦端は開かれた。その急先鋒《きゅうせんぽう》は組合教会の横井時雄であった。彼はすぐ一文を章して、国民《こくみん》の友《とも》紙上に掲げ大《おお》いに私の新神学を攻撃した。その時彼は私のバイブルは鮗《このしろ》バイブルだ。あすこには誤り、ここは間違いで骨ばかりで身《み》が少ない。読むに甚だ困難であると、彼の駁論《ばくろん》を更《さら》に反駁《はんばく》してシッペ返しに同じ国民の友紙上で横井のバイブルは水母《クラゲ》バイブルだ。ほねも無いが、身もない、食っても味がないと、一寸《ちょっと》鮗と水母で国民の友紙上に論戦の花を咲かせたことがある。

併《しか》し此《こ》の評はどっちも当《あ》たって居る。新神学派《しんしんがくは》はバイブルは無謬でない、誤りもある、間違いもある、事実もある、作りごともある、ドラマもある。だから丸呑みにして読むべき書物ではない。よく調べて取捨《しゅしゃ》して読まねばならぬと言う。旧派《きゅうは》の神学はバイブルは直接に神様より賜《たまわ》った無謬の天啓《てんけい》であるから、取捨も調査もいらぬ、頭から丸呑《まるの》みにしてもよいと。成程水母《なるほどクラゲ》だ。そして偖《さ》てその両説何《いず》れが本当かは学問の進歩と共に判明して来る、横井時雄のような人ですら、その頃はまだこう言う議論をして居た位だから、況《ま》してその他の牧師に於てはおやだ。

併し後にはとうとうその横井も新神学の絶頂にまで登りつめ、それから飛んで終《つい》には別の世界に飛び込んで了《しま》ったのである。彼に続いて他にも段々と新神学が起り、十年も経たない内に組合教会《くみあいきょうかい》はスッカリ新神学になってしまった。(17)

横井は、一八九四（明治二七）年一二月、『我が国の基督教問題』と題する書物を出版した。小崎弘道は、かれに代って同志社の第三代の社長に横井が就任したのも、その信仰の変化があったことによるものとして次のように記している。

　金森より更に過激なる神学論を発表し、倫理的有神論《りんりてきゆうしんろん》を主張し、人格的の有神論を否認し、マシュウ、アーノルドと同じ立場に立ちて宇宙に倫理的の秩序ある丈けを承認する事となつた。彼は此書《このしょ》を出版するや間もなく再び米国に遊んだが、廿九年の末頃帰朝《きちょう》した。其時には殆ど信仰を失ひ理想だけの人であつた。依《よっ》て友人等は彼が再び教会の任に当《あた》る事は殆ど不可能であるから、他に適当の職を彼の為に求めねばならぬとなして居つた。〈明治〉卅年三月下旬に同志社の社員会〈理事会〉が開かるる事であるが、若《も》し社長の変更を為す事あらば、彼は最適なる候補者であろうとの意見を抱《いだ》いて居つた友人も少くなかつた。殊《こと》に湯浅治郎の如きは其一人で、横井にてあらば信仰も自由であり交際も自由であれば、当時の難局を切抜くには適任ならんと考へ、内々同人の意向を質《ただ》した事を耳にした。私は同志社が独立した場合彼の如き信仰の人にて内外人《ないがいじん》に対し果《はた》して基督教主義を維持して行くの信用を博する事が出来るや否や之《これ》を疑ふたのである。斯《かゝ》る際の事なればよし社長其人を変更しても、信仰の堅固なる人でない以上は断じて不可であるとなし之《これ》に反対した。果《はた》せる哉《かな》横井就任後間もなく万世不易《ばんせいふえき》の綱領《こうりょう》を変更し、宣教師は勿論社会一般の反対を受け、遂《つい》に辞職の止《や》むなきに至ったのである。(18)

横井は、金森のように組合教会脱会をしなかったのは、組合教会内部にすでに、横井と同じような考えを持っている者がいて、脱会する必要がないと考えたからである。しかし、横井は伝道活動をやめ政治の世界に入った。

6　組合教会の宣教師からの独立

一八九〇（明治二三）年一〇月、海老名は「日本基督伝道会社仮社長」に就任し、熊本から京都に移転した。三四歳の時である。

「日本基督伝道会社《にほんきりすとでんどうかいしゃ》」は組合教会の伝道会社で、一八七八（明治一一）年に創設された。当初は、委員には、一人の宣教師も入れず、経済的にもアメリカンボードから完全に独立会計の日本人が運営する団体であった。しかし、これにあたる専任者もいない会社であった。

一八九〇年四月の総会で、専任の社長を置く事が決まり、選挙の結果、松山高吉《まつやまたかよし》（一八四六―一九三五）が選出されたが、数か月で辞退したので海老名が仮社長として一〇月に赴任し、翌年四月より社長に就任したものである。

伝道会社社長時代は、一八九三（明治二六）年九月までと、三年ほどの短い期間であったが、前任の熊本と違い、組合教会の中心地である京都で、しかも伝道会社々長という責任ある地位に就《つ》き、アメリカンボードからの経済的独立を求める運動を精力的に行った。特に、前年に新島襄というアメリカンボードが最も信頼する人物が死去し、宣教師とパイプ役をする人物がいなくなった。

伝道会社も、出発当初はアメリカンボードの援助を受けずに運営していたが、その後各地に教会が続々と建設されるようになると、経済的にどうしてもアメリカンボードの援助が必要になり、海老名が社長に赴任した時代には、伝道会社の役員に宣教師が加わり、宣教師と日本人が同数になり、発言力を増す状況になっていた。

海老名自身は、最初の「安中教会」より熊本まで、教会は経済的に独立していたが、組合教会全体は、経済的にアメリカンボードから経済的に独立していなかった。

各教会と宣教師の関係が明白《めいはく》ならずして、其区域《そのくゐき》の画然《くわくぜん》たらざるに依《よ》れりと云《い》はざるべからざるなり。両者協同《りやうしやけふどう》か、将《は》た米国主《べいこくしゅ》にして日本諸教会《にほんしよけふくわい》は指導《しだう》を受《う》くべきものなるか、或《あるひ》は宣《せん》教師《けふし》は日本教会《にほんけふくわい》の補助者《ほじよしや》として本邦《ほんぽう》に在《あ》るものなるか、両者《りやうしや》の関係《くわんけい》甚《はなは》だ曖昧《あいまい》たるを免《まぬか》れざりしなり。宣教師諸士《せんけふししよし》より本国《ほんごく》に致《いた》せる報告書《ほうこくしよ》を見《み》れば、日本教役者《にほんけうえきしや》は全《まつた》く宣教師《せんけふし》の補助者《ほじよしや》たるが如《ごと》し。之《これ》を教役者《けうえきしや》の位置《ゐち》より見《み》れば、日本人《にほんじん》は主《しゅ》にして宣教師《せんけふし》は客《きやく》たるの観《くわん》あり。[19]

海老名はもちろん、小崎・宮川など熊本バンドの先輩たちは、宣教師からの経済的独立を積極的に主張した。

当時組合派には先輩後輩の二流があつて、後輩は力を極めて先輩攻撃をやつた。後輩は自然と宣教師に結び付き、先輩の行動を検束《けんそく》しやうとした。我は先輩の一人であつて、又社長たるの故を以て、攻撃の焼点《しょうてん》となり、〈明治〉二六〈一八九三〉年の総会に於て脆《もろ》くも落選したのである。(20)

海老名は伝道会社々長時代、宣教師とそれを支持する伝道者・神学生達と経済的独立を目指して奮闘したが、ほぼ一〇年後に「日本基督教会《にほんきりすときょうかい》」内部でも、同じような反対派と植村正久が戦っているのは興味深い。「関西と関東」、「組合教会と日本基督教会」、「海老名と植村」。接点がないように思われるが、直面した問題など構図はほとんど同じで、余りにも内容が同じなので驚きである。卜部幾太郎《うらべきたろう》(一八六七—没年不祥)『植村先生の面影』は次のように記している。

先生が明治三十四五年〈一九〇一・二年〉の頃から主張された、日本基督教会の独立問題はいま尚《な》ほ私らの記憶に鮮《あざや》かな八釜《やかま》しい一事件であつた。先生は、之《これ》がためには多くの人達に少からぬ誤解を受けたこともある。又《ま》た同志の人々に裏切られたこともある。よし先生に一部の同意者があつたにしても、その独立論を闘はすあひだは、可なりの難戦をされたのであつた。先生は、日本基督教会が全く外国伝道会社と手を切つて、経済的にも精神的にも独立しなくては、日本将来の伝道は思はしく発展せないといふことを、熱切に主張されたのであつた。之《これ》を今日より観《み》れば、むしろ平々凡々の議論であるやうにも思はれるが、其昔《そのむかし》はこの先生の独立論を、平地に波瀾を巻き起こす、革命的の過激論の如く見做《みな》されたのであるから、奇怪《きかい》であると言はなければならぬ。此時《このとき》は先生に左袒《さたん》する者も多くて、独立論を高調する人々も、可なり多数に上《のぼ》つたのであるが、何しろミッション派と独立派との二潮流《ちょうりゅう》の戦ひであるから、今より憶《おも》ふと何だか不自然なやうな、悲痛なやうな、然《しか》も壮烈なやうな感じにも充《み》たされるのである。[21]

ト部は、この後に「此の当時において先生は、明治学院神学部の教授を罷《や》めた。そして間もなく東京神学社を設立〈一九〇三・明治三六年創立〉されたのであつた」とあるので、明治学院神学部の教師時代に、新神学の教科書を使用して問題にされたのが、辞職の大きな原因の一つともされるので、植村の場合も、神学の独立も関係があったのかもしれない。

海老名の場合は、宣教師からの独立は、経済的独立と思想・神学の独立がより必要だと考えた。それは、伝道会社から神戸教会牧師に就任して明確になった。

神戸教会の日曜礼拝に出席していた「神戸英和女学校」院長のソール女史が、どの程度の日本語理解力があったかは定《さだか》でないが、海老名の説教を聞き異端《いたん》だと断定したようである。それは、海老名の説くイエスが「神の子」であることと、我々人間が「神の子」であると説き、イエスと我々人間が同質であり、結局イエスを「三位一体の神の子」とは考えていないと見抜き、神戸英和女学校

〈後に「神戸女学院」〉の学生の参加者に礼拝出席を差し止めるという強硬手段に出たのである。このソール院長には、海老名が学校を乗っ取るとのデマまで信じ込んでいたようで、伝道会社々長時代の宣教師との対立が尾を引いていたようである。

海老名は、「神戸教会」が、アメリカンボードの宣教師が最初に創建した由緒ある教会なので、辞任届を役員会に提出して、事態の解決を計《はか》ることにした。しかし、女学校の日本人教師、教会の役員会も辞任に反対し留任となり、盛大な留任式まで開催されることになった。

この出来事の背景には、「日清戦争」の勝利が幸いし、経済的・神学的独立が認められることになったのである。

第五章　神学の確立

1　奈良大会宣言書

海老名が神学的に確信を得るにあたって、神戸教会が支持したことは強い自信になったが、さらに、一八九五（明治二八）年一〇月奈良において、組合教会所属の五〇余名の牧師たちによって「奈良大会宣言書」が決議・採択されたことは、さらなる自信となった。

この宣言書は、海老名と宮川による起草であり、海老名のキリスト教の神学と生活綱領が盛られたものである。

一、罪悪を悔改し基督によりて天父に帰順すべき事
一、人は皆神の子なれば互いに愛憐の大義を全ふすべき事
一、一夫一婦の倫を保ちて家庭を潔め父子兄弟の道を尽すべき事
一、国家を振興して人類の幸福を増進すべき事

一、永生の望は信と義とによりて完ふせらる丶事

この「宣言書」には当時同志社々長をしていた小崎弘道も署名している。しかし、後年かれは自分が起草した「信仰告白」とこの「宣言書」の違いを、自分の起草したものは「信仰告白」であり「信条」であるが、海老名の起草した「宣言書」は、伝道の方針・生活綱要を述べたものに過ぎないとしている(1)。

この宣言には、三位一体の神も、十字架の贖罪も、肉体の復活も何も記されていない。しかし、筆者は、この宣言の最初の二項目は、まさに海老名のキリスト教神学の核心である「天父に帰順すべき事」「人は神の子」が述べられており、海老名の信条・信仰告白であると考えている。これは、筆者の独断ではなく、浮田和民がこの奈良宣言について、このように記している。

奈良大会の宣言書を見るに其の簡単にして全《まっ》たく独断神学説と教会政治論とを省き専《はぶ》ら《もっぱ》基督教の本領たる基督自身の教訓に属する道徳倫理を主としたるの点に於ては基督教会ありてより以来未《いま》だ嘗《かつ》て他に其類例を見ざる所なり。実際信仰上の告白として其価値は遥《はる》かに過去無数の信条告白に勝《まさ》れること我輩の信じて疑を容《い》れざる所なり。(略)我輩は基督教会ありてより以来神学的信条に非《あら》ず宗派主義信仰の告白にあらざるもの唯だ一例あるを知るのみ。奈良大会の宣言書即ち是《これ》なり(2)。

海老名論の一つの問題は、海老名には、信条・信仰告白がなく、自由主義神学だからどんな思想とも結びつくという考えがある。隅谷三喜男《すみやみきお》（一九一六―二〇〇三）の次の発言などはその典型的なものであろう。

自由主義神学がはいることによって、日本のキリスト教界は福音的な信条から解放されて、復古的なものと結合する契機を握ったからです。福音的信仰の場合には、信条なり神学がはっきりしていますから、そういう日本主義的なものとの結合が非常に困難なわけです。自由主義神学になりますと、その中核が曖昧《あいまい》になるから何とでも結びつきうるというようなことになる。そしてこれが次の段階で社会主義的なものと非常に強く結びついてゆくのです。しかし他方では、こういう自由神学的な動きに対して福音的な信仰をいい意味で守って行こうといふ動きが出て来ます。それは一方では福音主義に関する植村正久と海老名弾正の論争となり、植村正久というような人々が教会の中に立てこもって福音の純粋性を維持して行こうという動きにもなったのだと思います。(3)

筆者は、海老名が自由主義神学だから、その中核が曖昧になり、日本主義や社会主義に結びついたものでなく、「神を父」とし、人間を「神の子」とする明確なキリスト教信仰により、日本の伝統思想を評価し、社会主義者に理解されたのだと考える。

さらに、『植村正久と其の時代』の編者植村の娘婿である佐波亘《さばわたる》（一八八一―一九五八）と海老名との会話で、海老名が「余輩は屢々《しばしば》植村と合同をしようではないかと語り合つたことがある。しかして、さういふ場合には、いつも植村が、使徒信経邊ではどうだといふから、それも無しでないと不可《いかん》よと言うたりした」[4]。というエピソードが紹介されている。

この海老名の談話なども海老名が、何の信条もなかった根拠にされかねないが、植村が合同には絶対に共通の信条が必要であり、いかに妥協しても、「使徒信条《しとしんじょう》」だけは最低の条件としてこだわったのであり、海老名が「それもなしで」と答えているのは、使徒信条には、イエスが処女マリアより誕生し、イエスが神であることを内容としており、それに海老名が反対したのが、真相であると筆者は考えている。

一八七五年三月、熊本洋学校三年生、一八歳でクリスチャンになり、一八七八年、同志社英学校三年生の晩秋、二二歳で、神を「父」、自分を「神の子」とする第二の回心をする。

しかし、これは種子《しゅし》のまま、なかなか確信するまでにならなかった。宣教師のいう通り、正統キリスト教に入ってみたが、

何《ど》うも不道理な処《ところ》から宗教的実験に満足がない、と云つて是《こ》れを踏み破る程の見識もないので、苦悶すること殆ど十年、併し私はその間自分の宗教的実験を伝道した。実に学問上に不満

足な点が多かつたけれども、一つ破り二つ破つて、其の間欧米の進歩した人々の著書を読むやうになつて、疑惑も生じたが同時に自分の妄《もう》を開いた処《ところ》もあり、遂に従来の信仰箇条《しんこうかじょう》に不満足の結果、新しき天地を開拓したが、是《こ》れが為め長く親交を累《かさ》ね来りたる外国宣教師と意見衝突し、自分の見識を明白にすれば彼等宣教師と合わず、宣教師との衝突を避けやうとすれば道に不忠実となるので、かまはず、所信を実行し始めた。(5)

海老名は、一八九三年から一八九七年の四年間の神戸教会牧師時代を回想して、次のように記している。

我は神戸時代に於て独《ひと》り親しく耶蘇の宗教的意識に入り、その奥義《おくぎ》を窺《うかが》はんと熱中したのである。其時《そのとき》耶蘇の霊が一毫《いちごう》の疑ひなく我が心裡《しんり》に働きつ、あるを自覚《じかく》し、天下は挙《こぞ》つて我を非クリスチヤンといふとも異端《いたん》といふとも、又《また》世間《せけん》普通《ふつう》の教義に照らして破門《はもん》せらる、とも、我は忠実なるクリスチヤンであると自覚したのである。

此の深い自覚が多くの誤解《ごかい》したるクリスチヤンをして遂に我を忠実《ちうじつ》なるクリスチヤンと諒解するに至らしめた所以《ゆえん》であらうと思ふ。神戸教会員が宣教師の意見に反し、又多くの教派の反対あるにも係《かかわ》らず、我を牧師として立て通《とふ》したるは、正《まさ》しく我が自覚の誠実なるを信じて呉れた次第である。我が神戸教会に対して感謝の念を深うする譯《わけ》は、その我の知己《ちき》たるが為めである。神戸教会が旧時代より復活して新時代に移りたる苦痛《くつう》は実に甚大であつたが、その創立の始より、依然として組合教会の指導者を以《もっ》て任じ来りたるは、そがこの一大難関を通過したるが為めであると思ふ。我が神戸教会を辞して東京に出づるに際し、この大教会の後援ありたるは我が更《さら》に大難《だいなん》に処する力となつたのである。之は永久《えいきゅう》に記憶すべき事実である。(6)

2 東京進出

一八九七（明治三〇）年四月、四〇歳の時、大きな野望を抱いて東京に出た。これまでは、教会の招聘《しょうへい》や組合教会本部の意向《いこう》、さらに東京から熊本へは、義兄と同居していた義母の病の治療に便利を考えての家庭内事情から、熊本に行く筈であった横井に代わり熊本を引き受け、東京を横井に譲るということであった。

しかし、今回は教会からの招聘も家庭的事情もなく、ただ、「自分は日本人である。予と同感の人も亦《また》同じく日本人である。已《すで》に日本人の中に生《は》え抜《ぬ》きの信仰が出て来た以上は、之《こ》れのある間は基督教は断じて衰へない。形骸は衰へることもあろうが、苟《いやし》くも日本人たる吾人《ごじん》の生き存《なが》らへん限り、基督教は決して衰《おとろ》ふるものではない。此の信仰、日本人たる予の裡《うち》にあり、他人にも決して生えぬ筈はない」(7)との確信を持っての東京進出であった。

海老名は、東京進出するに際して、横井時雄・押川方義《おしかわまさよし》（一八四九―一九二八）と三人を中心に、さらに巌本善治《いわもとよしはる》（一八六三―一九四二）・戸川残花《とがわざんか》（安宅《やすいえ》が本名・一八五五―一九二四）が協力することも約束した、超教派での「同志会《どうしかい》」と命名する団体として伝道するはずであった。

しかし、横井時雄が同志社の第三代社長に就任して抜け、押川も「東北学院《とうほくがくいん》」院長を辞任して「同志会」の活動をする予定が、経済的な目途《めど》が立たないため、辞任までして「同志会」に参加することが出来ず、結局海老名一人で活動することになった。

海老名は、自らが創立者で初代であり、二代目は横井であった、本郷教会の三代目牧師として本郷教会で「同志会」の活動を開始した。

まず最初にしたことは、従来の本郷教会を一度解散して、海老名の信仰に賛同する者のみで、「本郷教会」を再スタートした。これに賛同して残留したのは、わずか十数名であった。その十数名の一人が、「ライオン歯磨《はみがき》」の創業者であり、生涯にわたり海老名を支援した小林富次郎《こばやしとみじろう》（一八五二―一九一〇）であった。

一九〇〇（明治三三）年七月には、『新人《しんじん》』誌も発行し、順調に信徒を獲得し、最初二十人ほどであった日曜礼拝が数百名の礼拝となり、東京でも一二を争う大教会になった。そこに勃発《ぼっぱつ》したのが、植村正久との神学論争であった。

3　植村正久との神学論争

組合教会で海老名は、誰一人知らない者がないほどの著名な牧師であった。特に、その雄弁で知られていた。しかし、その神学を鮮明にした説教をするようになったのは、神戸教会牧師時代だから、わずか数年前からのことであった。メソジストで『護教《ごきょう》』の編集にあたったこともある山路《やまじ》愛山《あいざん》（一八六四―一九一七）なども、後には海老名と親しくするが、海老名が東京に出て活躍するようになってから注目した一人である。(8)

海老名は、「安中教会」牧師時代から植村正久《うえむらまさひさ》（一八五八―一九二五）とは小崎を通じて、知人の仲であった。しかし、海老名の神学を知ったのは、東京進出以来のことであったのではないかと思う。海老名は、みずから確信するところを『新人』に発表し、超教派の伝道活動であった「二〇世紀大挙伝道」でも花形講師として全国的に活動した。

一〇年前にも、金森通倫の新神学に反対した植村は、海老名の新神学に立脚する伝道説教に『福音新報』を通じて海老名の思想が福音的でないとの批判を投じた。

金森の説に反対した時には、論争には至らなかったが、今回、海老名がこれに応じて海老名の『新人』と植村の『福音新報』を通じて一年近く両者の間に論争が生じた。これが「日本プロテスタント史」で日本人間における最初の本格的な神学論争とされるものである。

この論争については、多くの論文があり、筆者も拙著で詳細に論じたので、ここでは結論だけを記すと、「キリストの宗教」と「キリストを宗とする宗教」の二つのキリスト教の内、海老名のキリスト教は「キリストの宗教」であり、植村正久のキリスト教は「キリストを宗とする宗教」が鮮明にされたということである。

二人の論争そのものについては、すでに拙著で詳細に論じているので、ここでは拙著では論じていない問題を紹介して記したい。それは、この論争中に植村が海老名を評して、

海老名弾正氏は宗教的の人なり。二十有余年一日の如く基督教の伝道に従事せらる。その霊的なるや所謂《いわゆる》多くの正統的基督者の右に出づべし。余輩《よはい》は海老名氏の信仰其の教理よりも善良ならんを望む。否《い》な然《しか》く信ずるの理由なきに非《あらざ》るを感謝す。然《しか》れども凡《すべ》ての人は海老名氏の如く思想して海老名氏の如く霊的なること能《あた》はざるなり。斯《かく》の如《ごと》きは非論理的の僥倖《ぎょうこう》のみ。コウリッジの卓上談話に曰《いわ》く、ユニテリヤン説は基督教に非《あら》ず。然《しか》れどもユニテリヤン徒にして基督者たるもの少なきに非《あらざ》るべしと。(9)

と記し、武田清子《たけだきよこ》（一九一七—二〇一八）は「海老名弾正評伝」で、海老名・植村論争とこの植村の海老名評をとりあげ、

海老名弾正の福音の本質の理解の危険性が、植村によって正当に批判されたことは、日本のプロテスタントにとってさいわいであった。さらにそれとともに、海老名が、たしかにその教理よりも善良なる霊的力にみちた信仰の持主であり、多くの正統的キリスト者よりも真実なキリスト者であったことを、植村ほどの意地の強い人が率直に認め、それを表明していることも興味深い[10]。

さらに、加藤常昭は、海老名の説教を取り上げて論じている中で、この植村・武田の海老名の評価からすれば「当然のこととして、海老名における信仰と神学の乖離《かいり》を指摘せざるをえなくなる[11]」としておられる。

海老名の「真実なキリスト者」の姿は、海老名の確信したキリスト教と乖離《かいり》し、別物であったのだろうか。筆者は、海老名の確信したキリスト教教理「神を父」とし、「自分（人間）を神の子」とする教理から必然的に生じたものであり、「乖離」はしていないと理解する。

4　イエスは神か人か

海老名・植村論争の論争の最大の焦点は、「イエスは神か人か」の問題であった。結果は、海老名が「イエスを人」とし、植村は「イエスを神」とするものであった。ここで問題となるのは、イエスが「神か人か」の問題の際に、イエスの「奇蹟」をどう理解するかの問題である。イエスの奇蹟に、躓《つまず》いて入信しなかった人は多い。しかし、イエスを奇蹟を行う神と信じないで、クリスチャンであり続けた人は海老名だけではない。ここでは、植村門下の富永徳磨《とみながとくま》（一八七五―一九二九）のケースを紹介したい。

一九〇一（明治三四）年九月から翌年にかけて、『新人《しんじん》』と『福音新報《ふくいんしんぽう》』の間で、海老名と植村が神学論争をしたほどには、注目されなかったが、海老名・植村論争に続いて起きた論争は、一九〇八（明治四一）年の贖罪論論争《しょくざいろんろんそう》であった。この時は、海老名と植村とが直接論争したのでなく、海老名と植村を師事する人達の間での論争であった。

この論争は『基督教世界《キリストきょうせかい》』と『福音新報』の間で、『基督教世界』は渡瀬常吉・加藤直士・津荷輔、『福音新報』はT.TOMとH・Oであった。『基督教世界』は自由主義に立脚、『福音新報』オーソドックスに立ち論争した。内容は、海老名と植村の贖罪論の代理論争ともいえるものであったが、注目したいのは『福音新報』の「T.TOM」が、富永徳磨《とみながとくま》であったことである。

富永は大分県出身の人で、洗礼はメソジストの宣教師から受けたが、佐伯の学生時代国木田独歩《くにきだどっぽ》（一八七一―一九〇八）が教師陣にあり親しくした。独歩が植村と親しかったことから、植村正久の指導を受けることになった。「富永は、『福音新報』を手伝う暇々、植村から最初に神学を教わった人は、富永であった」[12]。

贖罪論争の際には、植村正久と同じく、正統神学に立ち、イエスを神と信じる立場で贖罪論争をした富永が、何時どのような理由で自由神学に転向したのかは、日屋根安定・鵜沼裕子(13)の富永徳磨論には記されていない。

ただ、筆者が以下の引用からも明言できることは、一九〇八年から一九一五年の七年の間のどこかで、正統主義から自由主義キリスト教に転向したらしく、宮川経輝がイエスを「神の霊にみたされた人」と述べたのを南長老教会《みなみちょうろうきょうかい》の宣教師が「異端《いたん》」としたことに対して、『新人』誌が反論の三人の論文を掲載したが、その一人として反論しているのが富永である。

かれは「基督を神とするは二千年来大多数の基督教徒の信仰なり。即ち基督教徒共通の信仰なり。然《しか》れども共通の信仰は直《ただ》ちに基督教の中心たることを意味せず。基督教の中心は人が神の子となることに非《あら》ずや(14)」とイエスを神とすることに反対している。

この論文の中では、キリスト教国の人が理由を問うことなくキリストを神と信じるのと違い、キリスト教の伝統のない日本においては、特に困難であるとして次のようにも記している。

基督が処女より生れしといふこと、其の奇跡を行ひしといふこと、其の殺されて肉体のまゝ甦《よみがえ》りしといふこと、天に昇《のぼ》りしといふこと、神の右に座《ざ》すといふこと、最後には天より形を有して降《くだ》り来り諸国諸民を審判するといふことなど、之《これ》を一々考へ来るときには、普通の人には信ぜらるべくもあらず、之を信ぜねば基督信徒でなしと言はば、日本人の如きは到底基督信徒になる能《あた》はざるべし。斯《か》くの如き所に基督教の要点があらば、吾人《われら》は基督教は日本に伝はらで

も可《よ》しと思ふなり。(15)

富永は、駒込《こまごめ》教会を創立し、死去にいたるまでキリスト教牧師としての人生を終えた人である。組合教会の湯浅与三《ゆあさよぞう》（一九〇二―一九七七）は、贖罪論争以降の富永について「福音新報のT.TOM氏は其の後自由主義思想を抱いて植村氏の門下を離れた。併《しか》しオーソドックスな畑に育った氏の神学思想は極端なる自由主義とはならず中正穏健《ちゅうせいおんけん》な独自の立場を開拓した(16)」と記している。

海老名と同じ熊本バンドの小崎弘道は、聖書の無謬説には反対する人であったが、イエスの肉体の復活の奇蹟を信じる人であった。日時は明白ではないが、「普及福音教会」のシュピンナーとの会話で、シュピンナーが肉体の復活を信じないのに対して小崎が「肉体の復活」を信じることを告げた、ことを記している。(17)

5　ドイツ神学と海老名

海老名がキリスト教神学を学び始めた時、最も注目したのは、ドイツ神学であった。これは、「普及福音教会」が日本伝道を開始する一〇年も前の同志社学生時代、図書館での読書によってである。海老名がドイツ神学に関心を持ち始めた時代、同志社の図書館にはオーソドックス神学に立脚する書物が主なものであった。同志社の学生時代、海老名はドイツ語を習っていないので、ドイツ語の神学書も英訳書で読むしかなかった。

金森の同志社学生時代の回顧には、「同志社三年の学問は専ら《もっぱ》独学だった。図書室が活用された。海老名は主として智的の方面を読んで居た様だった。議論が中々うまかった。それで皆から一目おかれていた」(18)とある。

海老名は、既述のように、同志社学生時代もっとも関心があったのは、ディヴィスの教理学であったので、思想・哲学面の書物を図書館で読んでいた。本格的なリベラルな思想の書物はなかったが、オーソドックスな立場の著者が批判している、その批判されている側の思想に興味を持って読んだのである。

後年の回顧で、ドイツ神学についてこのように記している。

> 顧《かえり》みれば、我が心底《しんてい》には信教の当時より一種独特の実験が発生してあつた。同志社の神学校に入つた後大分改善せられたけれども、その本領《ほんりょう》は依然として動かなかつた。我が内心の要求は新英国〈アメリカ〉神学では、遂に説明が出来なかつた。偶々《たまたま》独逸神学《ドイツしんがく》に触《ふ》れて見ると、恰《あたか》も祖国に在《あ》るの感がした。又基督教初代の教父神学に接して見ると、更《さ》らに深く同郷の感がした。当時は独逸神学も教父神学も一寸《ちょっと》かいま見たばかりであつたが、却々《かえって》面白かつたのである。(19)

ドイツ語の書物を原書で読みたいと願っていた海老名が、ドイツ語の学習を始めたのは、本郷教会牧師時代の四三歳の時であった。多忙の身であったが一〇年かかって自由に読めるようになった。一九〇八年の最初の欧米旅行においても、ドイツでは関心をもっていたプフライデラーとハルナックに会う計画を立てたが、プフライデラー（一八三九―一九〇八）は二か月前に死去し、ハルナック（一八五一―一九三〇）は夏期休暇中でベルリンにいなくて会えず、残念がっている。

海老名のドイツ思想への関心は、英訳されていない書物を原典で読むようになっていたようで、ドイツ語書物の英訳は、英訳を読める人を対象にしたものだけであるので、ドイツ思想を真に知るためには、ドイツ原典で読む必要があることを指摘している。七二歳の時には、「従来日本人の多くは英訳の独逸宗教哲学書を研究したのであるが英米人は各々《おのおの》その趣向《しゅこう》に合《ごう》する所の書を訳して、合《あ》はざるものは之《これ》を訳しないのである。到底原書によらざれば独逸思想の蘊奥《うんおう》に到達することは出来ない」[20]と記していることからも、海老名がいかに原書でドイツ神学に親しんでいたかが窺《うかが》われる。

6　レッシング

「新プロテスタント主義」という言葉は、トレルチ（一八六五―一九二三）が一七〇〇年以後のプロテスタント主義を指す言葉として作った言葉として知られているが、海老名のキリスト教もこの「新プロテスタント教」に立脚したものである。

レッシング（一七二九―一七八一）は神学者ではないが、かれが活躍した時代は西ヨーロッパでは啓蒙主義《けいもうしゅぎ》の時代であり、「新プロテスタント教」を主張した一人と見ることが出来るだろう。

ハイデルベルク大学教授のシャモニは「日本自由キリスト教会」で、レッシングの時代について、以下のように語った。

実は、もう以前から、自然科学と歴史学の進歩で、宇宙が五千年前に作られたということが信じられなくなり、また、地球は宇宙の真ん中に位置していないとわかれば、バイブルに出る宇宙観・地理観は維持しにくくなっていたのです。そして一八世紀の後半になると、バイブルのテキストも歴史的文献として読まれ、いや、文学として読まれるようになったのです。そして、バイブルを細かく読めば、決して矛盾のないテキストだとは言えなくなりました。その上、啓蒙主義者は人間の理性の自立性を主張して、あらゆる分野が、そして宗教自体も理性の厳しい批判にさらされるようになりました。(21)

海老名は、対植村神学論争開始の四か月前に、「レッシングの宗教思想」を記した。ヨーロッパ啓蒙時代、人間理性(悟性)が尊重され、キリスト教がそれまで無条件に権威としたものに対して、ドイツではレッシングが、理性に基づきキリスト教を批判した。海老名は、レッシングが聖書の無謬説を批判しているが、キリスト教そのものは信じていることを次のように紹介している。

彼が開きえたる新生面の一は聖書に関したるものなりき。ルーテル以来聖書は新教徒が由《よ》つて以《もつ》てローマ教徒を破るの好武器《かうぶき》として用ゐられ、吾人が無謬絶対《むびゅうぜったい》の真理として従ふべきものはたゞこの聖書あるのみ、その一句一章悉《ことごと》く神の言《ことば》にて毫《ごう》も誤りを混ぜざるものなりとして之《これ》に無上《むじょう》の教権を附し、煩瑣《はんさ》なる弁証学《べんしょうがく》の書冊を堆《うずたか》く積んで聖書の周囲に藩屏《はんぺい》を築きたりき。

この見識《けんしき》を以《もっ》てバイブルを倹《けん》すれば、バイブルは多く宗教以外のことを含めるを見る、即ち天文あり地理あり歴史あり人類学あり、而《しか》して宗教をその中に包むなり。是故《このゆえ》に今日の科学知識に照すとき誤謬ありともそは宗教にあらず、歴史の事実に違《たが》う所ありともそは宗教にあらず、歴史の事実に違ふ所ありとも彼が胸中の宗教は毫《ごう》も毀損《きそん》せられざるなり。たゞ彼はその内心実験の光に照して旧新約を貫《つらぬ》ける宗教情感を感得《かんとく》するのみ。(22)

さらに、キリスト教には、二種類あることをレッシングが記していることを次のように記している。

彼の卓見《たっけん》として感ぜざるをえざるは、彼がキリスト教と称するものを分《わか》つて二となせることなり。即ちその一は世にいふキリスト教にして、他の一はキリストの宗教なり。前者はキリストを中心として之れに種々の議論を交《まじ》えしもの、後者はキリスト彼自身の衷《うち》にありし宗教にして。即ち汝《なんじ》心を尽《つく》し精神を尽し意《こころばせ》を尽して主たる汝の神を愛すべし、又己《おの》れの如く人を愛すべしといへる愛情の活動をさす。これユダヤ教の始終を一貫せる大精神にして、人の正《まさ》にかくあるべき所のもの、人間の至情《しじょう》が自然に動き来るべきものなり。このもの、遍《あまね》く人心の中に伏在《ふくざい》して時々その光をあらはせども未《いま》だ全《まった》き力をえず、人類が焦慮煩悶《しょうりょはんもん》して未《いま》だ十分に発露《はつろ》するを得ざりしもの、キリストに於て赫輝《かくやく》たる光明を放つて顕現《けんげん》し来り、所謂《いわゆる》ヒユーマニテイーの宗教はこゝに発揮《はっき》せられたり。一方世にいふキリスト教は、パウロを初めとし敬虔《けいけん》なる宗教家がキリストにつきてあらはせる説、思想、情感を以《もっ》て組み立てられしものにして、其中には誤《あやま》れるところもあるべく、又たゞ当時の思想にして今日思想は其上に抽出《ぬきい》でたるものもあるべし。キリストの宗教に至りては、時代の変遷に由つて変化消滅するものにあらず、却《かへ》つて時代の経過進歩と共に益《ますます》人類の中に発揮《はっき》さるべきもの、真の光、真の生命、真の福音はこれキリストの宗教なり。キリスト教の価値は其中に存するキリストの宗教にあり。[23]

7　イエスの宗教とパウロの信仰

「現在のプロテスタント教会には二つの大きな流が入りこんでゐる。一つは第十六世紀の宗教改革より来つた純宗教的な要素であり、ヘブライ的特色を帯び、他は第十八世紀に起つた啓蒙思想、合理主義の要素であつてギリシヤ的特色をもつている」[24]と、キリスト教におけるヘブライズムとヘレニズムの二つの流れを指摘したのは、高倉徳《たかくらとく》太郎《たろう》（一八八五—一九三四）である。

ヨーロッパの啓蒙主義による理性の尊重から、それまでほとんど無条件に信じられてきたキリスト教が、根拠とする旧新約聖書に対して批評が為され、歴史的に研究されることになった。旧約聖書の最初の五書はモーセが執筆したもの、「モーセ五書」とされてきたものが、モーセ一人が執筆者でなくさまざまな人物の執筆であることが明らかにされた。

新約聖書においては、「イエスの教え」と、「パウロの教理」とが分けられた。特に、教会の教理として採用されている、贖罪や原罪の教理がパウロのものであることから、「イエスの宗教」と「パウロの信仰」とに分けられ、「イエスに帰れ！」ということから、かつてないイエス伝の研究が盛んに為される時代となる。

先に紹介したように、レッシングはキリスト教には、「イエスの宗教」と、もう一つは「イエスを中心として建てたキリスト教」の二種があるとした。この二種のキリスト教は、キリスト教の全史を貫くもので至当なものであるとし、具体的に次のように海老名は記す。

耶蘇《ヤソ》の宗教は（略）重《おも》にパウロ以下の宗教を旨《むね》として居つたのであるが、信仰の要求は終に吾々《われわれ》をして耶蘇に至らしめた。研究は耶蘇の宗教を以《もつ》てクリスチヤンが有する宗教的実験の標準たるべきものとなす。（略）

パウロ以後の基督教にはユダヤ教及異教哲学の混淆《こんこう》したものがあるが故に、純乎《じゅんこ》として純なるものとはいへない。近世となつてはパウロの宗教に対《つ》ひて異論を唱ふるものも起つて来たの

であるが、耶蘇の宗教には是等の混淆なく、醇《じゅん》にして醇なるものであるが故に耶蘇中心論が起つて来たのである。（略）

初代の基督教徒は、神人合一の真理に深大《しんだい》の興味を以《もっ》て研究したのである。ヨハネ伝の著者が耶蘇とロゴスとを結《むす》び付《つ》け、ロゴスと神とを結び付けた所は、この神人合一《しんじんごういつ》の真理を確実にせんが為《た》めである。ヨハネは更《さら》に進んでこのイエス・キリストとその信徒とが一心同体たるべきを論じ葡萄樹《ブドウ》とその枝《えだ》との関係を示している。彼は希臘《ギリシャ》時代の教父《きょうふ》等が言葉《ロゴス》肉体となつて我儕《われら》の中《うち》に宿るとあるに、一句を加へて、之《こ》れ人を神にせんが為めなりといつた所は神人合一の真理を明白にせんと試みたるものといつてよからう[25]。

8　比較宗教学

啓蒙思想の時代に生まれた新プロテスタント教・進歩的キリスト教のもう一つの特徴は、キリスト教以外の他宗教に真理を認める「宗教学・比較宗教学」が生まれたことと密接に関連することである。

キリスト教以外の諸宗教にも、真理があるとする立場の、学問としての「宗教学」を確立したのは、ドイツのマックス・ミュラー（一八二三―一九〇〇）である。キリスト教が受容された国々の内部や近くに、当初よりユダヤ教やイスラームは身近にあったが、世界規模で人々が旅し交流が拡大すると、否応《いやおう》なく他国の文化や諸宗教にふれるようになる。他宗教のひとびととの交流、他宗教の実態を知るに従い、キリスト教のみが神からの啓示に基づく真実の宗教で、他の宗教は悪魔の宗教であるとの信仰は通用しなくなる。

海老名たちに、キリスト教を伝えた宣教師の他宗教観は、非常に単純明快であった。「キリスト教を信じない異教徒は地獄に行く」というものであった。これほど単純でしかも確信に満ちたものであったからこそ、宣教師は死を賭して異教国に行き、熱意をもって伝道にあたれたのである。

アメリカの「会衆《かいしゅう》教会《きょうかい》」は、比較的他の教派と比べて自由を尊ぶ宗派として知られているが、ハーヴァード大学に学びアメリカのキリスト教事情に詳しかった久布白直勝《くぶしろなおかつ》（一八七九―一九二〇）の記すところによると、「アメリカンボード」の幹事は、宣教師派遣の場合、一八八七（明治二〇）年ごろまでは「外国宣教師採用の条件として、基督を信ぜざる外国人の霊魂は悉《ことごと》く永遠の刑罰に預かるとの信条を信ずるを必要として居た。……此の教理を信ぜざるものは決して宣教師として推選せぬと断言して居た」(26)と記している。

このような信仰に立つ宣教師に接した日本人は、どのように対応したのであろうか。圧倒的な西洋の文明・文化を体現した宣教師の言葉にいわれるままにキリスト教を受容した人々ももちろんいたが、その言葉に納得のいかない日本人もいた。

嘗《かつ》て或る求道者が、某宣教師より将《まさ》に洗礼を受けんとするに当りて、基督教《キリストきょう》を知らざりし為め、洗礼を受けて信者となる事能《あた》はず、其儘《そのまま》此世を去りにし先祖代々の霊魂は如何になるべきかと問うたそうである。宣教師は、事もなげに、其等《それら》の霊魂は地獄に堕《お》ちて亡《ほろ》んで居ると答へた。所が右の洗礼志願者は憤然《ふんぜん》として其式場を退出し、斯《かく》の如き基督教は到底《とうてい》余の信じ得《え》る所でないと叫んだそうである。(27)

アキスリング（一八七三―一九六三）は、アメリカのバプテスト教会の宣教師で、東京で活躍した人であるが、一九〇一（明治三四）年来日したのは、「東洋は非文明の未開化の国であるから、之《これ》を教化せねばならぬ、指導せねばならぬといふやうな一種の誇りと、冒険心とが混《まじ》つた義務心から、信仰に燃えた青年の心理として彼らは敢然《かんぜん》として来たものである」。しかし、一九二九（昭和四）年の談話では、

今のアメリカの青年は第一に其の大学で近頃最も盛んになつた比較宗教学を学ぶやうになり、今まで考へて居た仏教や儒教やが決して一から十まで悪いものではなく、却《かえ》つて高い価値のあるものであることが分るにつけ、昔の青年が考へた考へ方とは違つて来たのである。同様に日本を旅行したり、滞在したりしたことのある米国人が同じ意見を持つて帰国するやうになつて彼らは東洋を今までよりも高く見た話をする。だから若い宣教師らは新しく支那や日本に来る考へを起《おこ》しても、彼らは異口同音《いくどうおん》にその国の人々がよろこんで自分らを迎へてくれるのでなく

ては、決して往《い》かないといふのです。それほど東洋に対する見方が今までとは全く違って来た(28)。と述べ、それはかれだけの体験ではなく、世界中のキリスト者が一堂《いちどう》に会《かい》した第二回のエルサレム世界宣教会議（一九二八年開催）においても、重要な議題として、諸宗教の問題が取上げられ、「キリストの優越性は之《これ》を認むるが、同時に世界の諸宗教が其道徳的に寄与《きよ》した徳を大《おおい》に尊重して褒《ほ》め居るのでも分ります(29)」と語る。

カトリック教会は、長い間、カトリック教会以外に救いがないことを主張して来たが、そのカトリックすら、一九六二年から四年間にわたって開催された第二バチカン公会議で、他宗教にも真理があることを認めるように大きく変化した。

海老名のキリスト教は、儒教や神道にも真理を認める立場であるため、それが混合・習合として排斥され、あたかもキリスト教ではないかのように論じられることがあるが、これも批判者が、ヘブライズムのキリスト教に立脚して、海老名のヘレニズム・キリスト教を批判したものである。

9　海老名みや子の回想

海老名彈正が、神学確立のため、苦闘している時、妻の海老名美屋《えびなみや》（一八六二―一九五二）はどのように夫をみていたのだろうか。

彼女の言葉を紹介する前に、少し彼女のことを紹介しておきたい。戸籍上は「美屋」となっているが、「美屋子」とされているものもある。『新女界』には、ほとんど毎号に寄稿しているが、一番多いのは「みや子」であり、次は「みや」である。

海老名と顔見知りになったのは、「熊本洋学校」の生徒時代からである。後に紹介するように、ジェーンズ夫人から、母が姉妹関係にある徳富蘇峰・蘆花《ろか》（一八六八―一九二七）の姉である初《はつ》（一八六〇―一九三〇）と英語を習っていた。美屋の兄は横井時雄で、海老名より一級上の第一期生であった。

彼女は、兄が「開成学校」に入学のため東京に行くと、美屋も東京に遊学、一八七七（明治一〇）年九月に兄・時雄が同志社に転校したので、美屋も同志社女学校に転校。一一月には、同志社教会で新島襄から受洗しキリスト者となる。

結婚は、美屋が一九歳、彈正が二六歳の安中教会牧師時代で、一八八二（明治一五）年一〇月であった。二人の結婚は、美屋の兄・横井時雄の薦《すす》めによるものである。この頃、海老名は眼病で読書ができないため、美屋は夫のために「旧新約聖書」を読んで聞かせている。

美屋はその当時の最高の知識人で、夫が主幹の『新女界』にもほとんど毎号執筆しているし、一九一九（大正八）年秋　ピッツバーグにおける第三回世界キリスト教徒大会で日本婦人を代表して出席、英語で講演もするという才媛であった。

結婚した当時の二人の信仰は、正統的・福音的であったが、一八八九（明治二二）年あたりから、一〇年間神学確立のために海老名が苦闘することになる。これを身近にみていた美屋の心境を記したものが以下の文章である。

妻が夫に対する態度はどこまでも積極的でなければならぬ。ア、又あの気象《きしやう》でやり過ぎはあるまいか、ア、いふ事《こと》は少しひかへ目にしてもらひたいなど、ハラハラして後《うしろ》からひつぱる様では夫は到底思《おも》ひきつた仕事は出来ない。妻《つま》が夫を思《おも》ふの心は誠に美《うる》はしいものであるがこゝは一歩《ぽ》踏《ふ》みこしてむしろ夫を信じて同情同感にならねばならぬ。これに付ては私にも大分実験がある。今より十八九年前かの新神学《しんしんがく》の語は盛んに行はれた。其頃《そのころ》夫は其新神学の主唱者《しゆしやうしや》として四方敵を受《う》けた時代がある。これは十年余も続《つゞ》いた。サア私は心配でたまらない。其時は熟《よ》く熟《よ》く思つた。ア、自分に神学思想の素養があつたなら、幾分夫の助けともなりせめては自分自身の立場を定《さだ》める事も出来やうにと、只《たゞ》々心配でたまらない。あんな事を云はれては又人の反対は起しはしまいか、あれ程《ほど》にいはないでもよさそうなものだなどなど、演説《えんぜつ》や説教《せつけう》をきいてるそらはない。すんだあとでも今日のおはなしはこんな所に非常な感動を与《あた》へたなど、いふべき処を、批評的耳《ひひやうてきみみ》で聞ているので、其真意は分らないであれではあんまりだなどといひたくなる。夫《〈おっと〉》は嘸《さぞ》いやな気持であつたらう。しかし幸《〈さいわい〉》に私は其態度《そのたいど》が甚《〈はなは〉》だ違つて居た事に気がついた。ア、私は誤《あやま》つた。其学説の如何《〈いかん〉》によつて其人《〈そのひと〉》を案じる事はない。若《〈も〉》し其品性《ひんせい》が学説と共に下《〈さが〉》つて来たならば、それこそ大変であるが、無論そんな心配はない。むしろ品格《〈ひんかく〉》は益々高まつて行くのであれば、自分はどこまでも夫と同情同感になつて、せめては家庭なりと心ひろやかにあらせねばならぬ。とかう考へて見るとこれまで自分が一門夫《かどをつと》を助ける積りであつた事は、一つも助けとはならずして夫の心《こころ》を傷《いた》めることであつた。それで私は妻《つま》が夫の短所を補ふなど丶いふ事は鳴許《をこ》の沙汰《さた》である事を感じた。妻はどこまでも恋愛《れんあい》は盲者なりといふあの心持て火水《くわすゐ》の中も全心夫を信頼して行くが大切だと考へた。これは夫に与ふる唯一の慰藉《ゐしや》であつて又力であらうと思ふ。(30)

第六章　海老名のキリスト教受容の特色

1　ヘブライズム・キリスト教とヘレニズム・キリスト教

海老名のキリスト教受容について考察する時、最も重要なことは、海老名がキリスト教には二つの大きな傾向・思潮があるとしていることである。

一つは、パウロ→アウグスチヌス→ルターの傾向であり、もう一つは、ヨハネ→オリゲネス→シュライエルマッハーの傾向である。

この思潮・傾向は、ヘブライズム・キリスト教とヘレニズム・キリスト教とも称してもよいものである。

日本に伝来した、プロテスタント・キリスト教は、英米宣教師が伝え基礎を築いたといえる。かれらのキリスト教は、ヘブライズム・キリスト教であり、パウロ・アウグスチヌス・ルターの神学を基礎とし、西方《せいほう》キリスト教といわれるものである。

これに対して、ヘレニズム・キリスト教は、英米では主流とはならず、東方教会で主流となり、拡大したものである。海老名は、日本においてヘレニズム・キリスト教が知られることがないことを次のように嘆く。

人は有名なるオーガスチンあるを知れどもクレメント又はオリゲネスあるを知らない。オーガスチンは西方教会の泰斗《たいと》であつて、ルーテルは其著書を愛読し、而《しか》して始めて信仰の活路を見出すことを得た。従つてオーガスチンの名は広くプロテスタント教徒の間にも称賛せられたのである。クレメント又はオリゲネスの著書の如きは多くは英米人には長く読まれなかつた。故《ゆえ》に日本には其名を知る人すら甚だ少かつた。況《いわ》んや其の学説及人格については殆《ほとん》ど知る人もないのである(1)。

有賀鉄太郎《ありがてつたろう》(一八九九―一九七七)は、海老名の感化でオリゲネス研究を始めた人ではないが、日本におけるオリゲネス研究の第一人者である。有賀は「海老名弾正と希臘神学《ギリシャしんがく》」の論文で次のように指摘する。

先生〈海老名〉自身は第一の傾向に於ても固《もと》より共鳴すべきものを多く見出したのではあつたが、第二の傾向において之《これ》に劣らず興味あるところのもの、否《いな》さらに彼の心事《しんじ》に近いところのものをさへ発見したのである。而《しか》もそれの独特の価値が欧米においても、又況《いわん》や我国に於ても、正当に顧《かえりみ》られてゐないと云ふ事を密《ひそ》かに憤慨するかの如くに、彼は力を極めてヨハネやオリゲネスやシュライエルマツヘルについて説《と》き且《かつ》論じてゐる。恐らくその時代の日本において彼ほどにアレクサンドリア神学、特にオリゲネスの思想、に関心を有した学者は他に居なかつたであらう(2)。

海老名は、ヘレニズム・キリスト教を「智的キリスト教」とも表現しているが、かれはなぜヘレニズム・キリスト教に惹《ひ》かれたのであろうか。

海老名が、具体的にこの質問に直接答えるものは見当たらないが、筆者は、ジェーンズがイエスの肉体の復活などを信じない合理的な人であったことと、海老名が儒教を旧約としてキリスト教を受容していることがその理由ではないかと考えている。

海老名のヘレニズム・キリスト教受容の遠因は、ジェーンズと儒教にあると考えるがもっと直接的な体験としては、やはり第二の回心が最大の原因ではないかと考える。

既述したように、第一の回心の三年後「同志社英学校」の学生時代、二二歳の時の体験である。伝道者として、成功したいとの大きな夢を持ちながら、眼病で書物が読めないため知識が得られず、大都会の知識人を相手の伝道が出来ないとの絶望感。さらに眼病をきっかけに生じた諸慾と罪悪感にさいなまれ、自分は罪悪の塊《かたまり》であると考え、苦闘することになった。

さて深刻に考慮し苦闘したる末我《すえわれ》に只一ツの善なるものあるを見出した。それは神思《かみおも》ひの一念、唯《ただ》神の聖旨是《せいしこれ》れ適《かな》ふの一念、此の一念は専心誠意毫末《せんしんせいいごうまつ》の我欲《がよく》なき純乎《じゅんこ》なる赤子《あかご》の心、こればかりは掬《きく》すべき清水にして神の喜び給ふものなるを自覚し、凡《すべ》ての欲望に死して唯この赤子の心に生くることを祈つた。此の赤子の心を以《もっ》て始めて天父の温顔に接し、神と父子有親《ふしゆうしん》の関係に入るを得たのである。こゝに父我《ちちわれ》に在《あ》り、我れ父に在るとの基督の意識を伺ひ知り、遍在《へんざい》神《しん》の意識を次第々々に明かになつて来たのである。遍在神《へんざいしん》の意識は即ち基督の意識である。(3)

この体験で先ず注目しなければならないのは、海老名が自身の中に「善なるものを見出した」ことである。次に注目すべきは、その善なるものが「神の子」の意識であるとの自覚である。さらに、それがまさにイエスの意識である。イエスが自分を「神の子」と意識し、神を「父」として意識した。

イエスは、神でなく人間である。その人間イエスが神を「父」として意識した。その意識を、海老名も体験したというのである。

2　罪と十字架の贖罪

海老名が第二の回心の体験、「神は父」人間は「神の子」の体験が、人間イエスが体験するところと同じものとすると、そこで当然生じる疑問は罪の問題である。植村は海老名との論争で、海老名がイエスを神とせず人間としていることがわかった時、海老名に尋ねたのは、海老名が罪をどう考えているかということであった。

其《そ》の告白を熟読《じゅくどく》するに罪悪に関する観念情緒余り著明《ちょめい》ならず。罪の救ひを基督に見出せるを感謝するの信仰を示せるものあるを見ず。贖《あがな》ひは新人記者が思想の背後に隠れしに非《あらざ》るか。海老名氏の罪悪観如何《いか》ん[4]。

海老名の罪悪観は、眼病になり書物が読めなくなることをきっかけとしたものであり、その罪悪感は全く海老名の個人的なものであるが、かれは罪悪が人間にとっていかに深刻な問題であるかについて、このように記していることも忘れてはならない。

人類の中に罪の根底が深く深く蔓《はびこ》つておる事は、多くの事柄にて確実にせられてをる。人類が此《こ》の世界に始まってから幾万年であるか、其歳月《そのさいげつ》は数へられない。此《この》永い歳月の間に重ね重ね罪を犯《をか》して来た悪い癖《くせ》は、第二の天性《てんせい》となり流れ流れて人類の中に受け継がれて来た。古人《こじん》は之《これ》を称して「原罪《げんざい》」と云つたのである。此《この》人類の罪は人力の如何《いか》んともする能《あた》はざる痼疾《こしつ》であつて、其の上に又各自は幼少の時より年を重《かさ》ぬるに従ひ、段々と罪を重ね、先天的《せんてんてき》に受け継ぎたる罪の上に後天的《こうてんてき》に自からの罪を加ふるのである。此罪《このつみ》は社会に於ける一の恐ろしき力であり、民族の滅亡をも齎《もた》らすべき恐るべき禍根である。世界の多くの民族は各自此罪《おのおのこのつみ》の重荷のために苦しめられ居る、のみならず或民族は其民族殊種の罪がある。而《しか》して我等各自の心中を見れば、此の罪の原因は肉体にあるのみならず、精神の中に深く其根を下《お》ろしてをる。[5]

イエスを神とせず、イエスの十字架の贖罪を救いの究極としない、海老名のキリスト教の本質は、かれの「確信の根拠」と題される論文の以下の言葉に如実に示されていると言える。

基督《キリスト》は絶対である。我々とは類が違ふ。彼は天より降《くだ》り、我は地より来たものと見た。けれども私の中に実験される赤子は承知せない。怎《ど》う考へても基督と縁が近い。基督も神の子である。類が違ふと考へられぬ。殊《こと》に基督の祈の如きは真に共鳴するものがある。基督がゲツセマネに祈られた祈は私の中にもある。それは私の中にある神の赤子の祈つた所である。如斯《かくのごとく》見て来《く》ると、ナザレのイエスを他人とは思へぬ。彼は兄である。我は弟である。彼《かれ》は神我《かみわれ》は罪《つみ》の子《こ》とのみ見る事は出来ぬ。基督御自身も我々に対して親しく兄弟と仰《おお》せられ、我が神、汝の父と云はれて居る。其処《そこ》は神学や何かで云ふ処とは違ふ。

私は三位一体《さんみいったい》に就《つい》て異端となつた。三位一体は私の信ずる所である。基督は第二位を占める神であると云ふ考は私を満足せしめる。広い意味では人の子は人で、神の赤子は神である。併し全く違つて居るのではない。若し我が中にあるものが、神の仲間でないならば救はるる事は出来ない。神の友たるものがあると云ふ事を思へば誠に難有《ありがた》い感じがする。私が天の父と云ふ事を主張したのは此処《ここ》からである。或牧師が貴君は天の父と云ふが、それには困難がある。十字架の身代《みが》はりは立たぬではないかと云つて迫つた。けれども私から見ると、基督の十字架の血を見なくては赦《ゆる》さんと云ふのはクリスチヤンの神ではない。我々の神は限り無く赦《ゆる》し給ふ神である。罪を犯《おか》した放蕩息子《ほうとうむすこ》が恐れ乍《なが》ら帰るのを、走つて行つて抱く、其父である。彼の父が基督教の神である。十字架の血を以て初めて赦すと云ふ信条は神の子が承知せない。罪の人はそれを喜んでも、新《あら》に生れたものは承知せぬ。従つて彼《かれ》と此《これ》とは見方が違ふ。さ迷ふものには身代《みがわ》りが難有《ありがた》い。けれども神の赤子は基督と共に生命を棄《す》てんとするものである。かかる次第が従来の神学思想を打《う》ち壊《こわ》さざるを得なかつた。(6)

3　良心

海老名の第二の回心に見られる、海老名の「神の赤子」の体験と内在の神を考察してくると、どうしてもさけられないのは、神が人間を「神の似姿《にすがた》」として創造されたとの関連である。「神の似姿」をめぐるバルト（一八八六―一九六八）とブルンナー（一八八九―一九六六）の論争は、バルトは、罪人の人間には神の似姿の残像《ざんぞう》は存在しないとしたのに対して、ブルンナーは残存するとしたことで有名である。海老名は残存するとする立場である。

海老名は、人間は堕罪《だざい》後も「神の似姿」を失っていないとするのであるが、それをさらに具体的に示したものが、「良心」である。

海老名が説く「良心」は、良心がそのまま神というのではないが、「良心」は「神の神殿」であるという。しかし、人間として生まれたら、誰でもが所有するものでもないことを次のように記している。

良心の中に天地正大《てんちせいだい》の気《き》を見出《みいだ》すは一入深《しほふか》く実験したる識見《しきけん》といはねならぬ。吾人〈われら〉は良心の中に無上《むじやう》の権威《けんゐ》をも見出す。此の権威を深く明《あきらか》に認《みと》め、よく実験して自覚《じかく》するときは、これを以〈もつ〉てまた吾人が宗教心の理想とする神そのもの、声《こゑ》となさざるを得ない。吾人は良心を以て直《ただち》に神そのものと認《みと》むることは肯《あへ》てせざれども、こゝに神の実在《じつざい》を識得《しきとく》せざるを得ない。良心には神の権威そのものが生《う》みつけられて居る。こゝは最も厳《おごそか》なる神殿《しんでん》である。吾人はこゝに恐懼《きやうく》戦慄《せんりつ》する。しかもこゝに神の肖像《しやうぞう》が自覚《じかく》せらるゝ。爾《なんじ》は吾が愛子《あいし》、吾が悦《よろこ》ぶ所のものなりとは、神が此良心に語《かた》り給ふものと見て差支《さしつかへ》あるまい。この清き良心より神を観《み》るときは、吾人始《はじ》めて天父〈てんぷ〉を観《み》る。こゝまで研《みが》き磨《みが》かなくては良心の本音《ほんね》を聞くこと暮束《おぼつか》ない。吾人はキリストの胸底《きやうてい》にこの良心を見る。吾人は実にキリストの良心の中に我良心《わがりやうしん》を見て、手の舞《ま》ひ足の踏むを知らぬ。しかもキリストの良心が我が良心の中に自覚《じかく》せらるゝに至つては、吾人は之を至楽《しらく》

の境《きやう》といふを憚《はゞ》からない。(7)

海老名は、「罪悪からの救い」ということをどのように捉えたのであろうか。

キリスト教の人間観によれば、人間は「神の似姿」として創造されたものである。ところが、最初の人間であるアダムが「禁断《きんだん》の実《み》」を食べて神に背《そむ》き罪を犯した。それ以来すべての人間が原罪を背負うことになったとする。

ヘレニズム・キリスト教では、知識・思想を重視するが、罪悪については人間に与えられている「意志の自由」という視点から考える。即ち、罪悪は「自由意志《じゆういし》の乱用《らんよう》」と見るのである。

プロテスタント教は、十字架上の贖罪《しょくざい》を高調すると雖《いえど》も、同時に意志の転換《てんかん》、霊性《れいせい》に於ける更生《こうせい》を力説するのである。この更生は実に新人《しんじん》の創造《そうぞう》である。罪悪を克服することは修養に由《よ》るべきにあらず、難行苦行《なんぎょうくぎょう》に由《よ》るべきにあらず、教育に由るべきにあらず、教会の制度機密に由るべきにあらず。況《いわん》や政治の制度法則に由るべきものにあらず。人間それ自身が神霊《しんれい》に由《よっ》て更生《こうせい》し、内観の新しい霊能に由つて新しい生活を始むるにあるのである。

罪悪《ざいあく》は神霊《しんれい》に復活《ふっかつ》したる霊人《れいじん》にして始めて之を克服し得るものである。罪悪は物質に固有するものにもあらず、無窮《むきゅう》に存在するものにもあらず、人格の発育する途中、霊肉《れいにく》の戦闘《せんとう》に起因《きいん》するものである。肉慾《にくよく》、邪慾《じゃよく》、私慾《しよく》が勝利を得る所には罪悪の意識を生じ、霊能の勝利を得る所には霊人の自由あり自主あり、而《しか》して罪悪はないのである。此の霊能は理想でない、現実である。神に生くる人格である。個人の価値は実に此の人格に存する。全世界を得るとも代《か》ふべからざる生命とは即ちこの人格の生命である(8)。

海老名は、アウグスチヌス・ルターの罪悪観については、アウグスチヌスにはマニ教の陰、ルターには中世の暗い陰が残っているように思われるとして、その後に「スイスの改革者ツウイングリーの罪悪観とは一致して居るのである(9)」と記している。

4　ロゴス論

イエスを神とせず、人間に神の内在を認める、海老名のキリスト教の特色を端的に示すものがロゴス論である。

エジプト・アレキサンドリアは、世界諸民族の雑居地であった。文化は、ギリシャ文化が遥《はる》かに卓越していたので、ギリシャ語が一般化していた。旧約聖書もギリシャ語に訳されていた。東方教会の人々が直面した問題は、旧約聖書の「唯一神《ゆいいっしん》」とギリシャ思想の「汎神《はんしん》」をどのように結びつけるかであった。

彼等が発見した新体験には神人《しんじん》の二つが混和《こんわ》してゐる。ユダヤ人の絶対神を以《もつ》て説明する訳には行かず、又ギリシヤ人の汎神《はんしん》にて説明する訳には行《ゆ》かない。彼等は宇宙に遍在《へんざい》して万有《ばんゆう》の原理であるロゴスに由《よ》つて神と人とを結び付けた、又神と人との深遠《しんえん》なる関係を論じ、ロゴスとの一体の奥義《おくぎ》に論究したものである。[10]

海老名は、日本人が何故キリスト教を信じられるのかということ、かれの第二の回心をロゴス論によって初めて説明できると信じ、「ロゴス」は、宇宙・世界・各国の歴史・各個人に内在する神であり、霊能であるとして次のように記す。

ロゴスは宇宙に於ける、又歴史に於ける、又個人に於ける、神の内在である。故に歴史的精神の裡面《りめん》に存在する精神であります。このロゴスはユダヤ史の裏面に存在し、又ギリシヤ史の裏面にも存在したる如く、日本史の裏面にも内在する所の霊能であります。この宇宙の霊能、即ちユダヤ及ギリシヤ等の歴史に内在する霊能が、同じく日本史の裏面にも存在して、日本民族を指導し、又聖化しつゝあるのを、我々は信ずるのであります。[11]

海老名は、キリスト教の「神」と「人間」をロゴス論により、「父」と「子」と理解したが、「父」「子」の関係はどのように考えたのであろうか。

海老名は、先ず「神を父」とし「人間を神の子」とするのがイエスの意識であり、クリスチャンの最高の意識であることを、イエスが「『父我《ちちわれ》に在《あ》り、我れ父に在り、父と我とは一《ひとつ》なり』といはれたが之《こ》れが即ち神の子の最高意識である(12)」と記し、さらに人間は、神の子に新生しても父・神にはならないことを次のように述べる。

父と子は二にして一、一にして二である。子の霊は即ち神の霊である。又この子が如何《いか》に生長しても、如何に完成しても、父とはならない。若《も》し夫《そ》れ人が神となるといふことが父となるといふことならば、そは生くるにあらずして死するのである。生存するにあらずして消滅である。完成するにあらずして併呑《へいどん》せらるゝのである。神の懐《ふところ》に覚醒《かくせい》するにあらずして永眠するのである。神の中に復活するにあらずして埋没するのである。永遠の生命とは不生不滅《ふしょうふめつ》をいふのではない。神に於ける生々已《せいせいや》まざるをいふのである。而《しか》してこの神の子は神にあらずして何ぞや。人の子が人なるが如く、神の子は即ち神である。この神の子の意識が取りも直さずクリスチヤンの最高意識である(13)。

クリスチヤンの意識には神人の二者が父子《ふし》の様式《やうしき》を取《と》り来《きた》り、神は父にして我は子で有る。この父子の間柄《あひだがら》は有親《いうしん》にして又相愛心《さうあいしん》である。此《こ》の聖《きよ》められたる意識には父の性格は至真至善《ししんしぜん》至美《しび》である。而《しか》してこの至聖《しせい》の輝きが愈よ明確《めいかく》になつて来るのである。同時《どうじ》に子《こ》たるものゝ向《こう》上心《じやうしん》は愈《いよいよ》熱烈《ねつれつ》になり、力《ちから》を尽《つく》し、智恵《ちえ》を尽《つく》し、精神《せいしん》を尽《つく》し、換言《くわんげん》すれば全身全力《ぜんしんぜんりよく》を尽して至聖《しせい》の神を愛慕し、その至誠に同化《どうくわ》せんことを希望して已《や》まないのである。この父子相親相愛《ふしそうしんそうあい》の境涯《きようがい》が天国である。義《ぎ》と和と聖霊によれる悦楽《えつらく》とはこれをいふのである。しかしてこの子は父の中に没入して消滅するを願はない。たゞ天父の完全なるが如く完全ならんことを願ふのである。子はこの完全に上進《じやうしん》する時、自己《じこ》の実在《じつざい》の愈《いよい》よ確実なるを自覚し断じて父と子とを同一視することは出来ない。[14]

5　遍在（内在）神について

一九二九（昭和四）年六月二〇日―八月一七日まで、『読売新聞』の「宗教欄」のページに「基《きり》督教縦横論《すときょうじゅうおうろん》」と題する海老名の論文が掲載された。論文とはいうものの、一回の掲載が八〇〇字ほどの文章であるが、四八回に及ぶもので、海老名が七二歳の時のものである。

この連載で論じられている内容は、翌年の一九三〇年に出版された『基督教大観《キリストきょうたいかん》』でも論じられている。『基督教大観』の中には「基督教縦横論」で使われている文章が、あちこちにそのまま、使用されているが、「基督教縦横論」の連載をそのまま収録して一冊の書物としたものではない。

『読売新聞』の「基督教縦横論」の連載は好評を博し、何人かの著名人がこの連載についての便りや質問を寄せている。井上哲次郎もその一人である。連載途中の七月二八日に「海老名君の論を読みて」で、「キリスト教界の長老海老名彈正君が本欄に連載してゐられる論文を私は非常な興味を以て読んでゐる」と記したのを皮切りに、「再び海老名氏に質《〈ただ〉》す」（一）―（五）、それに対する、「井上博士の批評に答ふ」「再び井上博士に答ふ」（一）―（三）がある。この井上とのやりとりは、『基督教大観』には収録されていない。

　この海老名の連載については、同新聞の「宗教欄」主筆の逢坂元吉郎《おうさかもときちろう》（一八八〇―一九四五）（逢坂は、東大中退。植村正久から受洗。この当時伝道のかたわら、読売新聞の記者をしていた）が、「私は基督教徒として海老名氏に質《ただ》したい。仔細《しさい》はひとり私ばかりではなく、本欄に投書する教徒や知人の学者間に異口同音《いくどうおん》に海老名氏の神観は氏一流の体験であつて、それは必ずしも基督教が多年揉《も》みに揉んで来た所説《しょせつ》と異《こと》なると聞くからである」と神観に疑問を抱く読者が多いこと、さらに贖罪観については「我らに於《お》いてはその日常生活が罪人であるのだ。即ち我らは直《〈ただち〉》に神には往《い》けない経験を持つのである」(15)と反論している記事も興味深いが、ここでは、井上が海老名のキリスト教神観が超《ちょう》絶神《ぜつしん》であり、遍在神《へんざいしん》であるとしている点をとりあげて論じているので、この点に注目したい。

　井上は、従来のキリスト教では、超絶神・唯一神しか主張しないのに、海老名が遍在神・内在神を主張するのは、仏教の汎神論《はんしんろん》と同じもので、海老名は仏教に近づきつつあるとした。

　これに対して海老名は、「仏教へ歩みつゝあるといはずして寧《むし》ろキリスト教の極意《ごくい》に到達しつゝありと言はるゝならば、博士は我知己《わがちき》なりと言《い》ふを憚《はゞか》らないのである」(16)と応《〈こた〉》えている。

　井上は、仏教には「一切衆生悉有仏性《いっさいしゅじょうしつうぶっしょう》」があり、遍在神の思想があり、海老名の遍在神の思想が仏教と同じであることを指摘した。それに対して海老名は、キリスト教は「如何《〈いか〉》に遍在神を高調しても、草木国土悉皆成仏《そうもくこくどしっかいじょうぶつ》といふが如き結論にはけっして至らない。否至り得ないのである」（同上）と応じた。

井上は、「人間は神の子」とする海老名の思想が、仏教で「人間にはすべて仏性がある」とする思想と同じで、海老名が仏教に近づいたと見たのである。

この井上の批評に対して、海老名はキリスト教では、遍在・内在神といわれるのは、人間に限っているが、仏教ではその対象が「草木国土」と人間外に及んでいることが根本的に相違すると答えている。

キリスト教の「神の似姿《にすがた》」は、人間だけを対象にするものであり、「山川草木」はその対象となっていない。海老名の遍在・内在神は、人間に言われるもので「山川草木国土《さんせんそうもくこくど》」に及ぶものではない。

日本には昔から動物と人間が結婚する話や、神の使いの動物がいたり、動物や魚の供養があり、針・人形、さらに無機物ともいえる「山川草木国土」を含め「山川草木国土悉皆成仏《さんせんそうもくこくどしっかいじょうぶつ》」の言葉がかなり一般に受容されており、日本人独自の仏教思想であり明らかに海老名とは異なる。キリスト教の神は人格神であり、海老名の遍在神は「神を父、人間を神の子」とする人間に限られたものである。

6　儒教の完成としてのキリスト教

海老名の「神を父、人間を神の子」とするキリスト教が、日本で最も貢献するところは人間観に対してである。

神道・儒教・仏教の三教が、日本人の人間観を形成するのに大きく貢献したことは間違いないことであろう。武士の誕生以来、特に徳川時代にもっとも重視されるようになったのは儒教である。儒教は、大名から個人まで、すべての人間を網羅する価値観であったといえる。その儒教思想・価値観が明治になって破壊された。それに代《か》わるものがキリスト教の倫理・価値観であったと海老名は指摘する。

このような、立場から歴史を見る時、一九一二（明治四五）年の「三教会同《さんきょうかいどう》」は画期的な出来事であった。

一九一二（明治四五）年二月に、西園寺《さいおんじ》内閣の内務次官の床次竹二郎《とこなみたけじろう》（一八六六―一九三五）の企画で三教会同が開かれた。この会は、床次がヨーロッパを視察して、宗教の感化が大きいことを感じ、原内務大臣にはたらきかけ、仏教・神道（教派神道）・キリスト教の代表者を招いて開いた会合である。

「三教会同」は、今日では宗教が明治政府の国民教化策に利用されたものとしてマイナス評価されるのが通例である。

海老名は、日本では千年何百年も前から、三教は、神道・儒教・仏教の三つであったのが、この会合により神・仏・基の三教になったことに大きな意義を認めている。

最近まで日本では何と言つておつたか。日本の宗教は神儒仏の三ツの教へであると言つて通つて来た。聖徳太子《しょうとくたいし》時代から一千何百年間、神儒仏《しんじゅぶつ》で通つて来た。所《ところ》が明治四十〈一九〇七〉年頃を境《さかい》として原内務大臣の時に三教会同と言ひ出して来た。そして原さんが我々を招かれたのである。その時何と言つたか。三教とは神道と仏教とキリスト教のことであると言つてをるのであります。何時の間にか儒教の代りをキリスト教がするやうになつて了《しま》つた。(17)

海老名のキリスト教受容には、武士道と儒教が土台になっている。第一の回心は藩主への忠君を土台としたものであり、この忠君思想もその基礎にあったのは忠孝思想であり、儒教倫理から出たものであった。

第二の回心も、父子有親という儒教思想に基礎を置くものであった。海老名は、八〇歳の最晩年の講演で、クリスチャンになった「素養《そよう》は儒教です」と語り、また「私は儒教の恩を被り、儒教に育てられたのです(18)」と続けている。

海老名のキリスト教受容は、武士道・儒教が土台になっていることは、これまでに既述したところでも明らかである。そこで、次に問題としなければならないのは、この武士道・儒教は海老名のキリスト教にとってどのような存在であるのか、という問題である。筆者は、海老名にとってはキリスト教受容の「土台」と表現したが、この点についてさらに論考をすすめたい。

海老名が、儒教に代ってキリスト教が三教の一つを占めることになったことの評価は、先にかれの言葉を引用したように、「キリスト教が儒教に代ったのは当然のことであり」「儒教はキリスト教に於いて完成している」という立場であった。

海老名が、徳川時代から明治時代への変遷で、あらゆるものが破壊されていくのを体験し、海老名の表現では Fundamental Principle《ファンダメンタル・プリンシプル》が崩壊してゆくということであった。そのような体験の中で、キリスト教による Fundamental Principle を見出したのである。

> 基督教は一夫一婦主義を主張し、愛国の必要を主張し、又世界同朋主義を主張したのである。即ち基督教は日本に於ける"New Morality"《ニュー・モラリティ》を造つたのである。
> 初代基督者の骨を折つた所は Fundamental Morality《ファンダメンタル・モラリティ》を解決したのである。(19)

Morality は、日本語では、道徳性・倫理性・徳性、さらには品性とも訳されるが、このような領域、特に武士のそれを担当していたのが儒教であった。それがキリスト教によって新しくされ、新倫理がキリスト教によって作られた。

キリスト教が儒教にとってかわり、Fundamental Moralityを解決したことが、海老名の「キリスト教が儒教の完成」という内容である。

7　「父子」から「夫婦」へ

明治以前とその後で最大の変化の一つは、儒教で「五倫」とされる人間関係、すなわち「父子《ふし》」「君臣《くんしん》」「夫婦《ふうふ》」「兄弟《きょうだい》」「朋友《ほうゆう》」の五つの人間関係の内、もっとも重要なものが「夫婦」となったことである。

先ず、二つのエピソードを紹介したい。一つは、一八七一（明治四）―一八七三（明治六）年、アメリカ・ヨーロッパに派遣された「岩倉使節団《いわくらしせつだん》」の報告書を記録した久米邦武《くめくにたけ》（一八三九―一九三一）が、アメリカで体験したことである。

ある学者の家を訪問し、道徳の話をしていて、久米が日本では父子の関係が最も重視されることを話したところ、それを聞いた博士が

成程《なるほど》親子も親《した》しけれど、夫婦に及ばぬ証《あかし》は、閣下《かっか》が遠国を巡回し帰国の日には、両親に言《ことば》を接したき情愛の切なるとも、細君《さいくん》に言を接せずして能《あた》はじ」と答えられ、逆に久米が驚き「東洋にては親に面談せぬ前に妻に面談するを非行となすと言ければ、老博士も亦驚きたる気色に

て沈黙せし。(20)

と記したものがある。

もう一つのエピソードは、海老名の晩年の七五歳の時に、五〇年前のこととして記しているものである。それは、ある宣教師との談話中、たまたま談が「親と妻とどちらが大切か、今二人が溺《おぼ》れようとする時、どちらを助けるか」という質問をした際、その宣教師が〝余は妻を救ふ〟と答えられたので〝面食《めんく》らつたことがあつた(21)〟」いうのである。

明治以前とその後で、最大の変化の一つは、儒教で「五倫」とされる人間関係のうち、もっとも重要なものが「夫婦」となったことである。

家庭の根本は夫婦の関係にありて父子にあらず、これ日本と欧米との異れるところ、日本もその源《みなもと》に到《いた》れば、尹諾尹冊《いざなぎ・いざなみ》の二尊が日本人の理想たりし如く、実に夫婦の根底に立ちしものなりしも、中途《ちうと》にして之《これ》をすてゝ、人為的《じんいてき》に父子《ふし》を本《もと》としたるなり(22)。

と記し、別の箇所で、日本でも最初の神話の夫婦が一夫一婦であったのが、その後、神道・仏教・儒教で一夫多妻になり、定着したことを次のように記している。

日本の古典に拠《よ》れば神武天皇《じんむてんのう》以前は一夫一婦にてありき、一夫多妻の風俗は出雲国《いずもこく》に在りし人々に行はれしことにて、神遂《かみつい》にあらはれ給ひし須佐之男尊《すさのおのみこと》は一夫多妻の大国主命《おおくにぬしのみこと》の祖先にてありき、我国の一夫多妻主義を取りしは儒教より来《きた》りしと思ふ、支那の古代に遡《さかのぼ》れば一人の天子《てんし》に百妾《ひゃくしょう》ありしことを発見す、黄帝《こうてい》の聖にして尚四妃あり、舜帝《しゅんてい》の賢にして尚二妃若《も》しくは三妃ありしと云ふ、然《しか》るに我国天降《あまくだり》人種には此弊風《このへいふう》少なし、孟子の語に曰《いわ》く、不孝《ふこう》に三あり後《あと》なきを大《だい》なりとすと。趙氏此《これ》を解して曰《いわ》く、娶《めと》らずして子なきは罪なりと。是《こ》れは至極尤《しごくもっと》もなることなりと雖《いえど》も、此《この》語を以《もっ》て一夫多妻主義の玉条《ぎょくじょう》とするは大なる過《あやまり》なり。（略）

仏教の朝鮮より渡来せし時始めて仏教を奉せじ曽我稲目《そがのいなめ》は朝鮮の美女を妾《めかけ》とせしなり。史家伝へて曰《いわ》く、儒教の教育を受け給ひし仁徳天皇《にんとくてんのう》の家庭は紊乱《びんらん》せり。（略）

一夫一婦の大道を教ゆるは仏教にあらず、儒教にあらず、神道はこの二教に侵《おか》されて顔色なし。此《これ》を教ゆるものは断じて基督教《キリストきょう》ならざる可《べ》らず。[23]

封建時代には、夫婦の場合も、夫《おっと》は他人の妻と姦淫《かんいん》さえしなければ、咎《とが》められることはなかった。今では、映画やテレビでも見ることができなくなったが、結婚した女性は「御歯黒《おはぐろ》」と称する歯を黒く染める習わしであったから、外見《がいけん》から女性が既婚者であることがわかるようになっていたのである。

徳川時代の、夫のある女性の貞操が如何に厳《きび》しいものであったか、このことだけは徳川時代の終わりの頃でもこれが守られていたことを、実際に女性が貞操を守らなかったために、夫《おっと》から処刑《しょけい》されるのを、夫側の証人として現場に立ち会った男性から聞いたとして、海老名は次のように記《しる》している。

これは現《げん》にその場《ば》に臨席《りんせき》して居《を》つたといふ人の言《げん》であるが、その頃、岡山に於て名高い妙齢《めうれい》の佳人《かじん》があつた。既に武士の妻となつて居つたが、不図《ふと》よからぬ評判が立つた。併《しか》しその事は実際明瞭《じつさいめいりやう》しなかつた。故《ゆえ》に暫《しばら》く実家《じつか》に預《あづ》けて置《を》いて其後《そののち》の様子《やうす》を見《み》て居《を》つた。ところが間もなく其の相手は大《おほい》に驚いて脱走して仕舞《しま》つた。愈々相違《いよいよそうい》なしと事実確《じじつたし》かなる証拠《しょうこ》が立《た》つた。直《ただ》ちに夫の家に呼び戻されて手打《てう》ちである。その時、婦人の里の両親、兄、親類等その場に臨席《りんせき》した。二十五六の若い夫《おっと》は刀《とう》を携《たづさ》へ身支度《みじたく》して控へて居る。婦人は白衣《しろむく》を着、黒髪《くろかみ》を垂《た》れて痛々《いたいた》しげに歩《あゆ》み出《で》る。先づ両親の前に膝《ひざ》を屈《くつ》し頭《こうべ》を下《さ》げて不孝《ふかう》の罪《つみ》を詫《わ》びる。其の時母は頭《かしら》を畳《たたみ》につけて再び仰ぎ見ることはようせなかつたといふ。次《つぎ》の間《ま》の真中《まんなか》には荒席《あらむしろ》を布《し》きその上に生色《せいしょく》なき婦人は静かに黒髪を垂《た》れて座《すわ》つた。夫は襷十字《たすきじうじ》に綾取《あやど》り袴《はかま》の股立《ももだち》を取《と》り刀《たう》を提《ひつさ》げてその後《うしろ》にすっくと立つた。暫《しばら》くして「エッ」と懸《か》け声諸共《こえもろとも》にあはれ佳人の首はポロリ前に落ちた。実に見事に斬つた。その時母はその音を聞くや「アッ」といつて三尺も高く飛び上がつたといふ。兄は「お手際《てぎは》ッ」称賛した。かくして父と兄とは庭に下り立ち、竹片《たけぎれ》を以《もっ》てその死骸《なきがら》の首《くび》と胴《どう》とをつなぎ合《あは》せ荒菰《あらこも》に巻き、これを擔《かつ》いで裏門より持ち去つたといふ。かくの如

き例は岡山のみでなく、鳥取にもあつたと聞いて居《を》る。(24)

このように、妻の貞操《ていそう》は厳格に要求されたが、男性である夫には不倫は適用されず、一夫一婦制度には程遠いものであった。

明治以前には、親子関係が第一で、夫婦関係は第二に置かれていた。しかも、そこには、男尊女卑は貫かれており、儒教道徳では、夫婦には別ありとし夫は外仕事妻は家庭を守るという役割の別はあったが、とても夫と妻が平等とは言えない関係であった。一夫一婦には程遠いものであった。

以下も海老名の記したものである。

数妾主義《すうせふしゆぎ》は広く富豪の間に行はれ、又貴族の間にも行はれて誰も之《これ》を怪《あや》しまなかつたのである。之を中心から慨嘆したるは独《ひと》り少数者の基督信徒《クリスチャン》であつた、彼等は一夫一妻を主張し、之を実行し、家庭の本位を根本的に改革し始めたのである、儒教は夫婦有別《ふうふゆうべつ》を論じ、或は職掌《しよくしやう》別《べつ》より観《み》て、夫は家庭の外《そと》に務《つと》め、妻は家庭の内に務むるものとなし、或は此《こ》の夫婦と彼《か》の夫婦と自他の別判然《はんぜん》たるものありとなした、故《ゆえ》に男子は他人の妻妾《さいせふ》を犯さゞる限りは芸娼妓《げいしやうぎ》に戯《たわむ》れ、又何人《なにびと》に触るゝも差支《さしつかへ》なしと公認して居つた、この一婦多妾主義《いつぷたせふしゆぎ》又男子放欲主義《ほうよくしゆぎ》は独《ひと》り儒教のみならず仏教も神道も之《これ》を放任して毫《ごう》も干渉しなかつたのである。

此《こ》の如き放埓《ほうらつ》なる時代に於て基督教は一婦一妻主義《いつぷいつさいしゆぎ》を高調し、又女子教育を主張して、其《その》品位《ひんい》を高め、廃娼論《はいしょうろん》を絶叫し、更に男子の放欲《ほうよく》を抑制する為めには廃酒論をも主張したのである。一夫一妻主義の如きも基督の凡《すべ》て人《ひと》にせられんと思ふことは人《ひと》にも亦《また》その如《ごと》く為《せ》よとの言《げん》を男女間《だんじょかん》に応用したるに外《ほか》ならない。別言《べつげん》すれば男《おとこ》も人《ひと》なり女《おんな》も人《ひと》なりといふ人格問題より自然と割出《わりだ》された所の家庭倫理である。男は男、女は女と差別観に偏《へん》する立脚地に立ちては一夫一妻主義の家庭は到底生み出されないのである。(25)

「日本キリスト教婦人矯風会《きょうふうかい》」が創立されたのは、一八八六（明治一九）年である。創立者は、海老名の義母の妹にあたる矢島楫子《やじまかじこ》（一八三三―一九二五）である。矯風会は、キリスト教精神に基づき、様々の改革の実現に努力したが、一夫一婦の実現にも大いに努力した。

一九一二（大正元）年に、小崎弘道の夫人・千代子が『新女界《しんじょかい》』に「矯風会の今昔《こんじゃく》」という文章を寄せている。

矢島《やじま》先生なども力を添えらる、やうになり矯風会《きやうふうかい》といふものが創立せられ、〈明治〉二十三年国会開始と共に、最先《まつさ》きに出したのが一夫一婦の請願《せいぐわん》でありました。これは国家の基礎の家庭を清める為《た》めには、どうしても一夫一婦が実行せられなければならぬと思つたからでした。以来毎回議会提出しますがまだ通過致しません。然《しか》し始めは一笑《せう》に付せられて省《かへりみ》られなかつたものが、昨今は次第に真面目に取扱《とりあつか》はれ、熱心な賛成者が次第に殖えて参つた丈《だ》けでも非常な

違いと思ひます。(26)

このような、努力があり、日本にも一夫一婦制が実現したものである。

8 人間観の変動

明治維新によって最も変化したものは、男尊女卑の思想から男女平等の思想に変動し、この人間観の変動はキリスト教によってもたらされたことである。

男尊女卑の問題は、今日においても解決しているとは言い難い問題であるが、明治以前には女性は独立した人間ではなく、全く人権は認められていなかったに等しい存在であった。

女として生まれたら、幼くしては父に従い、嫁《とつ》いでは夫に従い、老いては子に従うという「三従」は、鉄則のような形で存在した。海老名は、海老名家の系図《けいず》を見て驚いたことを次のように記している。

私は自分の系図を開いて見る時に徳川時代の女子が如何《いか》に憐《あは》れであつたかを感ぜざるを得ない。代々《だいだい》の男子の名《な》はずらりと列記してあるが、其娘や其姉妹は何処《どこ》に嫁《かたづ》いだか何か一向《いっこう》分らん、唯僅《わづか》に存《そん》するのは母としてのみである。若《も》し女子にして母たる事が出来なかつたならば、よし人妻《ひとづま》となつて家政《かせい》に努《つと》めても殆んど其価値を認められなかつた。こんな風《ふう》に永《なが》い間深窓《しんそう》の中に閉じ込められて、女と云ふものは弱いもの、つまらぬもの損《そん》なものとあきらめて居た。(27)

海老名の父に一人の妹がいた。城戸という男性に嫁いだが、夫は酒飲みで倹約に心掛けることもないので、みるみる家は貧乏になり、廃藩置県では家も手放し長屋で悲惨な生涯を終えた婦人であるが、生前にその叔母と語った思い出を記している。

「曾《かつ》て私は叔母さんから『女《おんな》は百まで家持《いへも》たず』『女は三界《さんがい》に家なし』いふことを聞き、それはどういふ訳《わけ》かと問《と》ふと『お嫁に行つても何時追出《なんどきおひだ》されるかも知れないから』と答へる。私は可愛さうなものだな〜とおばさんに同情したが自分のお母さんも其通りかもしれないと非常に心配するやうになつた(28)」。

このように、身近にも不幸な女性の姿を見て同情したが、やはり幼少時に母が女性であるために夢をあきらめなければならなかったことを聞き、その話が身にしみた。かれは、その時に男子に生れた自分が母の夢を実現しようと決心したことを次のように記している。

或冬《あるふゆ》の夕刻、未《ま》だ太陽は、西山に没して居らなかつた。十二分に遊び疲れて帰宅した。母は、夕食の支度《したく》を致して居つた。母のいる竈《かまど》の前に到り、火に温《あたた》まつた。側に黄色の折手本《おりてほん》のやうなものがあつた。それを開いて見たら、男女の画がある。お母さん、之《これ》は何でありますか、といへば、母はそれは人の運勢《うんせい》を見る本だ。お前の運を見てやらう。お前、土性《どせい》〈五行易《ごぎょうえき》で土の性〉だねー。お前の運は良い方だ。若い時は苦労する。年《とし》をとるに従ひ、福になる。若い時は苦労してもよい。年寄つて苦労しなければ、よいよ。

お母さんの運はどう？　私の運は大吉《だいきち》だ。若《も》し男として生まれたら、撃剣槍術《げきけんそうじゅつ》を以《もっ》て日本天下に鳴り渡るのだ。所が、女と生れたから、このやうに〝おさんどん〟をして居るのだ。私は、憤然《ふんぜん》として心に思つた。お母さんはお気の毒千万《せんばん》、私は男に生れたからお母さんの運を継がなくてはならないと、激興したのである。[29]

またこの体験について、別の所で記しているのでは、自分は男として生まれたのだから、この時の母の「男だったら」との思いを実現しなければならないとの堅い決心が記されている。

これは、全国的に行われていたことのようであるが、貧しさのゆえに子殺しが、産んだ女性の役割としてあったようである。次も海老名が記しているものである。

所謂《いわゆる》「百石取《ひやくこくと》りの子三人《こさんにん》」といつて、産児にも不文《ふもん》の制限があつた所から、制限以外の子供は、遠慮なく殺したものだ。あすこの奥さんはエライものだ、子供を二人迄殺したと云つて、殺児《さつじ》が却《かへ》つて賞賛されたぐらいのものであつた。[30]

日本では、開国と同時に、ハワイ、南北アメリカ、さらに植民地に多くのひとびとが移住したが、背景には貧しさのゆえの子殺しを避けたいとの事情もあったのではないかと思う。

これは「柳河」特有のことか、他の地方でも同じ言葉が使われていたのか、筆者には定《さだ》かでないが、海老名が柳河でのことと記していることがある。


私が小さい時から考へて苦しんだ問題は女子の問題である。（略）私の地方《ところ》では女子を呼ぶに「オナゴー」と語尾をのばす習慣がある。その訳《わけ》は女には業《ごう》がいつもつきまとつてゐるからだと悲しいことを女中が言つて聞かせてくれる。業《ごう》とは何かと問《と》へば、いやなことがつきまとつてゐるのだといふ、私は母に同情したのが元《もと》であつたが、女に生れて幸《さいはひ》と思はれない女は不幸であると考へるやうになつた。[31]

「男女七歳にして、席を同じうせず」が、藩校などではこれが厳重に守られており、熊本洋学校には一人の女子生徒も入学をゆるされなかった。そのような洋学校に二人の女子がクラスに出た。徳富蘇峰《とくとみそほう》・徳富蘆花《とくとみろか》（兄弟）の姉である「徳富初《とくとみはつ》」と横井時雄の妹であり、後に海老名の妻となる「横井美屋」の二人である。

実情は、二人は入学試験を受けて合格した正規の生徒ではなく、ジェーンズ夫人に英語を習っていたのが、どうしても夫人に教えられない事情があり、ジェーンズが許可して、クラスに出ていたものである。そのような、事情があったにしても男子に限定されていたところに、七歳を過ぎた女子生徒が姿を見せたということで、男子生徒間でこれが大問題になった。生徒たちは不満を募《つの》らせたが、ジェーンズが許可していることなので、誰も文句を言えず陰で騒いでいた。海老名は学友から選ばれたわけでないが、陰で騒いでいるのはよくない、自分が抗議をしてくると自らの意思で、ジェーンズに談判することにした。

「先生に御話があります」と申込むと、先生が出て来られた。「一寸《ちょっと》女生徒の事に就《つ》いてお話したい事がありますから」と云ひました所が、先生は、予《かね》て目が大きい方でしたが、此の時に限つて更《さら》に目を丸くして、私を睨《にら》んで居られました。私は其の目に辟易《へきえき》した。然《しか》し乍《なが》ら茲《ここ》が大事だと思つて、私も先生をじつと睨んだ訳なんです。「一体《いったい》どう云ふ事だ」――「女生徒を男の学校に入れると云ふ事に就《つい》ては反対だ」と申したのです。さうすると先生は更《さら》に目を丸くして私を睨《にら》み、「君の御母さんは男か女か」「マン・オア・ウーマン」。是《これ》には困りました。しまつた。私は殊《こと》に母を尊敬して居りました。非常に母を尊敬して居つたのであります。それで私は、やられたな、結局男と云ふ訳にはゆかない。「女であります。」「さうだらう」と云はれた「それじやどうもお母さんを軽蔑《けいべつ》する訳《わけ》にはいかないねえ」是《これ》でもう参《まい》つて仕舞《しま》つた。さうすると先生は「中々《なかなか》女と云ふものを軽蔑《けいべつ》するものじやない、君の今日あるを得《え》て居るのは君のお母さんのお蔭だ。お母さんがどうしてお前を育てた。赤ん坊の時垢《あか》で汚《よご》れて居《お》つた時の事を忘れたか」とゼエンス先生は、赤坊に沐浴《もくよく》をさせる手真似《てまね》などして、熱心に説明され、「だからして何《ど》うも女を退《しりぞ》けちやいかぬ。」そこで到頭服従《とうとうふくじゅう》した。それから更《さら》に先生が態度を改め、「俺《おれ》もね、それを思はんじやない、併《しか》しあの通り学校に於ても、講堂では一番隅の方の向うに置いてゐるじやないか、それだから此《こ》の位《くらい》で君達も堪忍《かんにん》して呉《く》れよ」と云ふ事であつた。それで私は、「さうです」と参《まい》つて仕舞《しま》つて、どうしても反対は出来なくなつた。(32)

このような体験を経て、同志社総長時代、海老名の強い要望で、私立大学では初の男女共学を実現したのである。

9 「明治民法・身分編」の人間観

近代日本は、欧米に追いつくために様々なものを欧米から輸入した。しかし、欧米の価値観・倫理観の根本であったキリスト教を除くものであった。

明治になり、藩主に代わり天皇が国民の主君になってすぐに、「三千万同胞」として、国民の平等とし四民（士農工商）を解体して、階級制度から人間を解放した。一見、万民を平等視するキリスト教を取り入れたようであるが、実際には家禄によって国民を養えない明治政府の政治的スローガンに過ぎないものであった。

このことが、最も明確に表されたのは、明治一八九八（明治三一年）に制定された「明治民法」によってである。

『明治民法《めいじみんぽう》』は「財産編《ざいさんへん》」と「身分編《みぶんへん》」の二つに大分される。「財産編」は個人主義的色彩が濃厚で、性別身分に関せず法的に全く平等な「人」が権利義務の対等の関係に立って物権債権関係を形成するものとされている。ヨーロッパの個人主義の思想にもとづく個人意思自由、個人所有権尊重、過失責任主義の三原則が「財産編」を一貫する強い指導理念となっている。ところが「身分編」は「財産編」とは全く異なる性格をもっていて、人は支配服従の上下の関係に立たされる。戸主権に含まれる民法上の諸権利はむしろ（公法的な）権力の性質を帯びたものと考えられる。(33)

身分制は、一九四五年の敗戦によりキリスト教を土台とする欧米のそれに近いものになった。しかし、身分制のシンボル的な意味を持つ天皇制には、男女平等とはほど遠い古いものが継承されている。

キリスト教の一夫一婦制度を初代のクリスチャンや矯風会が主張したが、まず一番にこの制度に対して危惧した人々は、天皇制が一夫一婦制になると崩壊するのではないかということであった。旧皇室典範《こうしつてんぱん》では、側室《そくしつ》の子供も皇位継承者《こういけいしょうしゃ》になれたので側室が認められていた。さらに、宮家《みやけ》は現在の皇室典範では三家であるが、旧皇室典範では一一家があった。

現在も、皇位継承者は、男性に限られている。現在では、ほとんど忘れられているが、二〇〇六年の新聞では、秋篠宮《あきしののみや》妃が懐妊し子供が男子か女子かで大騒ぎしていた。時の政府・小泉首相は、「皇室典範に関する有識者会議《ゆうしきしゃかいぎ》」で、真剣に皇位継承の件を検討していた。秋篠宮に次ぐ、若い第三の男子継承者がいなかったからである。その後秋篠宮妃に男子が生まれると、途端に皇室典範《こうしつてんぱん》改正案《かいせいあん》は、国会提出が見送られた。秋篠宮の長男が第三位の継承者になり、男系継承問題はさしあたり解決し、その後はほとんど問題として取り上げることはなくなった。

この問題は、実は、天皇家の問題ということだけでなく、明治になっても根本的に変更されなかった問題である。

10　神の国

キリスト教の伝道は、何のためにするのか、といえば、先ず考えられるのは、魂《たましい》の救済《きゅうさい》ということであろう。宣教師の日本渡来も、その目的は、異教徒は地獄に行くから、真実の宗教であるキリスト教によって、その魂を救済しようというものであった。

海老名のキリスト教も魂の救済は重要なものとして論じられているが、やはり「神の国」がさらに重要なテーマとして論じられているといえる。

「神の国」は、マタイ伝では「天国」として記されているが、キリスト教の重要な概念であるといえる。イエスのメッセージの最初も「時は満ちた。神の国は近づいた」（マルコ伝一章一五節）であった。

「神の国」は、既に到来して現在のものか、それともまだ到来していない未来のものか、あるいは神の国は、神の恩寵《おんちょう》の賜物《たまもの》として神の側にあるものか、それとも個々人の働きにより、到来するものかとか、様々な議論がなされて困難な問題をはらんだ概念である。

神の国の概念に、カント・シュライエルマッハー・リッチュルなどによって新しい概念が加わった。かれらは、神の国を地上の理想的な人間社会、理想的なキリスト教社会と考えた。「アメリカでの『社会的福音』は実践的な神の国神学と言ってよいものであった[34]」。

海老名は、如何《いか》に地上に理想社会を実現することが困難でも、地上に「神の国」の実現を理想とするのが、キリスト教信仰であるとする。

> 基督教の理想社会は到底地上に実現し来《きた》るものではないなど悲観説を有するものあれどもそれは基督の主張とは大に違《ことな》る、この実現不可能と考へらるゝ社会を理想してその実現を疑はないのが即ち基督教の信仰である。故に基督教は信仰の宗教であると同時に又希望の宗教である[35]。

海老名のキリスト教は、神の国の地上での実現を目標とするところに顕著に表現されているように、人間中心・倫理的キリスト教とされる。人間中心のキリスト教においては、人間の心の中に霊性がありこの霊性をイエスに倣って修養・練磨することによって人間の完成を目指すものである。

これに対して、神中心・恩寵的《おんちょうてき》キリスト教は、人間は死すべきものであり、無力であり、人間的努力は無効であるとの点から出発する。イエスの十字架は罪の贖罪であり、イエスの復活は、死すべき人間の希望となる。この信仰は、人間の努力、社会に絶望したものが、他者である神より恩寵として与えられるものであるから、恩寵的キリスト教とされる。

第二次世界大戦の影響もあり、「神の国」は人間の道徳性の向上・発展によって実現するという理想主義的な見方より、神の恩寵により実現するとの見方が主流になった。「神の国」神学も、人間中心から神中心へと変わった。世界規模の視点からも、日本のプロテスタント史を見ても、一九三〇年代から一九六〇年代半ばの神学の主流が、バルトに代表される危機神学《ききしんがく》（弁証法神学《べんしょうほうしんがく》・神の言《ことば》の神学とも）になり、海老名のキリスト教の否定的評価につながる結果になった。

この二種類のキリスト教を、「真《しん》」と「偽《ぎ》」の別によって区別されたり、「優《ゆう》」「劣《れつ》」によって、差別するものではないのではなかろうか。しかし、残念ながら、恩寵的キリスト教は、ともすると倫理的キリスト教を評価しない傾向にあることは残念なことである。

デモクラシーによる、日本社会の改造が叫ばれている一九二〇（大正九）年に、海老名は「新時代改造の根本義」の中で次のように述べている。

最後に、私は尤も大切な問題に対して、論及する事を忘れてはならない。夫れは労働問題と言はず、社会運動と言はず、凡《すべ》てそれ等の根底となつているデモクラシイが、一体何処《どこ》から生れて来たかと言ふことである。之《こ》れ畢竟《ひっきょう》『人は同じく神の子なり』と言ふ、千古《せんこ》抜く事の出来ない根深い観念に胚胎《はいたい》している事を、看過《かんか》してはならない。その観念の前には、男も女もなく、貴族も平民もなく、労働者もなく資本家もない。一切が自由であり平等である。(36)

11　クリスチャン・サムライ

一九〇八年、海老名は五二歳の時、初めて欧米旅行をした。八か月の長旅で、多くの貴重な体験をしたが、その内の一つは欧米の人々特にクリスチャンの人格が高尚《こうしょう》であることを知らされたことである。

特に、クリスチャン・ジェントルマン（レディ）と称される人々の存在であった。海老名は帰国後も、日本の宣教師によびかけて、神学・思想の宣教の使命は終えたとしても、その品格《ひんかく》をもって日本人に感化する使命があることを次のように記した。

英米クリスチャンも欠点あるは固《もと》よりのことなれども、彼等紳士として淑女としての挙動は、恰《あたか》も日本武士の洗礼をうけたるが如し。宣教師は是等《これら》紳士淑女の代表者なるが故に、その高潔なる品格を以て日本人を教化すべきは、兄たるものその弟に於ける職責といはざるべからず。真実なるクリスチャンゼンツルマンは日本人の最も学ぶべきものなり。(37)

欧米におけるジェントルマンに対比する日本人が武士であった。「花は桜、人は武士」として称賛され尊敬された武士。世界からも武士は「サムライ」として日本を代表する人物として見られる。現在でも「サムライ・ジャパン」と使われる。

宣教師も日本人と接して、まず気付かされたのは、「武士」と「農工商」の人達の違いであった。明らかに品性に相違があった。

海老名が父親を亡《な》くしたのは、一八八一（明治一四）年一二月、二五歳の時であるが、臨終《りんじゅう》の電報を受けとり、安中から柳川（この当時には「河」は「川」に変更されていた）に帰省して、父を見舞った。ちょうどその時、熊本伝道の視察に来ていた宣教医・ベレーに父の診察をしてもらうことが出来た。

ベレーの宿《やど》から、自宅まで案内しながらの二人の会話である。

堂々たる屋敷も沢山《たくさん》あつたが次第に零落《れいらく》の跡が濃《こ》くなつて来たと私は染々《しみじみ》と悲しみや嘆きに満《み》たされながらベレー氏を案内した。其時《そのとき》彼は私に向つて告げた。「然《しか》しながら武士は実に立派な者であつた。君等基督信者《クリスチャン》は其武士の後嗣《あとつぎ》である。日本の武士は滅《ほろ》びて仕舞《しま》つたが君等は此《この》武士以上の武士にならねばならぬ」。

私は此《この》言葉を聞いた時実に何とも形容《けいよう》し難《がた》い力に打たれずには居《お》られなかつた。全く然《そ》うだ僕は武士以上の武士となつて日本に尽《つく》さうと深く心を決したのである(38)。

海老名の最初の欧米旅行では、各地で講演している。新渡戸稲造の英文の著書『武士道』が外国で読まれていることや、海老名自身の切腹の覚悟をした体験などもあり、武士道に関するものが反応が大きかった。

カナダの大学での講演の時、

基督《キリスト》の十字架を説《と》くに当《あた》りて、其功徳《そのくどく》によりて救はるゝと云《い》ふが如きは日本の武士道依《よ》り見れば如何《いか》にも忍びざる所のものなり、日本の武士たる者は寧《むし》ろ基督に向《むか》つて、我れ爾《なんじ》と共に十字架を負《お》ひて爾に従はんと言ふを以《もっ》て快《こころよ》しとす。古武士《いにしへぶし》が君の馬前《ばぜん》に討死《うちじに》するを本懐《ほんくわい》とせる如《ごと》くに、日本の基督者《くりすちやん》は国民の為《た》め人類の為め主と共に十字架の死を遂《と》げんことを希《こひねが》ふものなり(39)。

と説いて、その大学の学長が、講演後わざわざ非常に感動した、と告げにきたと語っている。

海老名は、外国でだけでなく、日本においても、私利・私欲を脱して「神の子」として、「父なる神」の完全を目標に、「神の子」として「人間の完成」を目指す限りは、武士が形成してきた

「武士心」が必要として次のようにも記している。

　キリストの御言葉には恐ろしいものがある。「其の生命《いのち》を棄《す》つるものは」と、「我れよりも子女《むすこむすめ》を愛するものは我に協《かな》はざるなり、我れよりも父母《ちちはは》を愛するものは我に協《かな》はざるなり」と、所謂大義親《いわゆるたいぎしん》を滅《めつ》するところ、此れに従ふには武士心《ぶしごころ》がなくてはならぬ。誠《まこと》に恐ろしい一面《いちめん》です、「日々十字架《ひびじゅうじか》を負《お》ひて我に従《したが》へ」。こゝには大決断《だいけつだん》を要《よう》する。[40]

海老名は、最初の欧米旅行から帰国して歓迎会が開かれた時、挨拶で次のように述べた。

　吾々《われわれ》は又クリスチヤンの武士を作らねばならぬと思ふ。諸君と共にクリチヤンのサムラヒにならねばならぬ。これは今から覚悟してかゝるべきことだ。かの極めて高潔なるアングロサクソンの宗教を吾々日本人は信じ得るや否やと云ふことは問題である。然《しか》し信じられる。私が夫《そ》れである。此考には五千万の同胞中同情する者があるに違ひない。今後諸君と協心同力して此目的に到達したいものだ。[41]

注

はじめに

（1）『福澤諭吉集』（明治文学全集八）、筑摩書房、一九七七年（初版第四刷）、一三八ページ。
（2）海老名彈正「国民道徳の新方面」『人道』第八〇号、四ページ。
（3）海老名彈正「国民教育の新要素」『新人』一五巻二号、一七ページ。
（4）海老名彈正「体験の宗教」『開拓者』一二巻五号、二〇ページ。

第一章

（1）關岡一成「海老名彈正『自伝的略年譜I』について」『神戸外大論叢』五三巻七号、三ページ。
（2）海老名彈正「基督教縦横論(28)」、『読売新聞』一九二九年七月二一日。
（3）同書。
（4）海老名彈正「幼少年時代の思出」（其二）。
（5）『新渡戸稲造全集』第七巻、教文館、六〇七ページ。
（6）「海老名彈正君」（同君談話筆記）『太陽』一五巻九号、一八六、一八七ページ。
（7）海老名彈正「予の受けたる境遇と感化」『現代名流自伝』第壹編、新公論社、一五四ページ。
（8）『小崎全集』第三巻、一二一ページ。

(9) 勝海舟『氷川清和』、角川文庫、五二、五三ページ。
(10) 勝海舟、同書、二五四ページ。
(11) 海老名彈正「自伝的回想録」(1)。
(12) 同書。
(13) 海老名彈正「青少年時代の思出」(其三)。
(14) 同書。
(15) 海老名彈正「熊本バンド信教の由来」『ともしび』七八号、二ページ。
(16) 石田一良「明治時代の倫理思想―「忠君」「愛国」の倫理と近代日本の精神構造―」日本思想史研究会編『日本における倫理思想の展開』吉川弘文館、一二ページ。
(17) 同書、二一四ページ。
(18) 海老名彈正述「日本基督教思想進転小史」『開拓者』二七巻四号、一八ページ。
(19) 海老名彈正「新日本精神に就て」『ひのもとパンフレット第一輯』、一四ページ。
(20) 海老名彈正「熊本バンド信教の由来」『ともしび』七八号、二ページ。
(21) 海老名彈正「新日本精神に就て」『ひのもとパンフレット第一輯』、一一ページ。
(22) 同書。
(23) 同書、一二、一三ページ。
(24) 海老名彈正「熊本バンド信教の由来」『ともしび』七八号、一ページ。
(25) 同書、二ページ。

第二章

（1）『大隈伯昔日譚』（一）（覆刻）、東京大学出版会、九ページ。
（2）海老名彈正「青少年時代の思出」（其三）。
（3）海老名彈正「自伝的回想録」（1）。
（4）「海老名彈正君」『太陽』一五巻九号、一八八ページ。
（5）海老名彈正「新日本精神」京城講演、六ページ。海老名は「この歌は菅原道真の作だと伝えられておりますけれども、実際はさうでないさうであります。併しあの時代の歌ではあるらしい」とも記している。
（6）「海老名彈正君」『太陽』一五巻九号、一八九、一九〇ページ。
（7）同書、一九〇ページ。
（8）同書。
（9）同書、一九〇、一九一ページ。
（10）同書、一九二ページ。
（11）海老名彈正「青少年時代の思出」（其三）。
（12）同書。
（13）山口金作「牧師の自己修養について」『基督教研究』二一巻二号、一三九ページ。
（14）海老名彈正「余が信教の由来」『新人』二三巻七号、五ページ。
（15）海老名彈正「余が体験の宗教」『開拓者』二二巻五号、一七ページ。
（16）『ともしび』七九号、一ページ。

(17) 海老名弾正「信仰の立脚地」『湖畔の声』一七四号、六ページ。
(18) 海老沢有道『日本の聖書――聖書和訳の歴史』(新訂増訂版) 日本基督教団出版局、一〇ページ。
(19) 『新渡戸稲造全集』第一〇巻、四六八ページ。
(20) 海老名弾正「回想録」(其一)。
(21) 『小崎全集』第二巻、二八八ページ。
(22) 同書、五二三ページ。
(23) 海老名弾正「熊本洋学校と熊本バンドと」一五、一六ページ。
(24) 同書、一六ページ。
(25) 同書。
(26) 『小崎全集』第二巻、五二五ページ。
(27) 海老名弾正「回想録」(其三)。
(28) 徳富蘇峰「横井小楠」『横井時雄君追悼演説集』アルパ社、一六ページ。

第三章

(1) 海老名弾正「熊本バンド信教の由来」『ともしび』七八号、三ページ。
(2) 海老名弾正「回想録」(其二)。
(3) J・ディヴィス著　北垣宗治訳『宣教の勇者　ディヴィスの生涯』同志社、一五八ページ。
(4) 『ジェーンズ　熊本回想』(改訂版)、熊本日日新聞社、八一ページ。
(5) 『新人』一二巻一号、九六、九七ページ。

(6) 海老名彈正「回想録」(其二)。
(7) 同書。
(8) 海老名彈正「回想録」(其三)。
(9) 同書。
(10) 同書。
(11) 海老名彈正「自伝的回想録」(1)。
(12) 同書。
(13) 海老名彈正「自伝的略年譜」(I)。
(14) 海老名彈正「自伝的回想録」(1)。
(15) 同書。
(16) 同書。
(17) 同書。
(18) 同書。
(19) 海老名彈正「上州伝道の思ひ出」『基督教雑誌』二巻二号、二五ページ。
(20) 海老名彈正「回想録」(其一)。

第四章

(1) 海老名彈正「明治時代の宗教運動」『基督教講壇』第三号、四六ページ。
(2) 『新人』四巻一号、一八、一九ページ。

(3) 海老名弾正「回顧十年」(下)『基督教世界』一二六七号、二ページ。
(4)『小崎全集』第三巻、六〇、六一ページ。
(5) 同書、六一ページ。
(6) 同書。
(7) 小崎弘道「予が信仰の立脚地」、加藤直士編『最近思想と基督教』基督教世界社、一三四、一三五ページ。
(8)『小崎全集』第三巻、六一ページ。
(9) 金森通倫『回顧録』一一七ページ。
(10) 同書、一一九、一二〇ページ。
(11) 同書、一一八ページ。
(12) 海老名弾正「伝道三十年」『新人』一五巻七号、一〇一ページ。
(13) 高橋虔「宮川経輝と金森通倫」『熊本バンド研究』みすず書房、三三六ページ。
(14) 金森通倫『回顧録』七、八ページ。
(15) 同書、一一四ページ。
(16)『日本組合基督教会史』一一七ページ。
(17) 金森通倫『回顧録』一二〇ページ。
(18)『小崎全集』第二巻、三六〇ページ。
(19)『組合教会独立始末』日本組合教会事務所、一二、一三ページ。
(20) 海老名弾正「伝道三十年」『新人』一五巻七号、九九、一〇〇ページ。

(21) ト部幾太郎編述『植村先生の面影』第二篇、アルパ社、四七、四八ページ。

第五章

(1) 『小崎全集』第二巻、一五六ページ。
(2) 浮田和民「基督の基督教　附奈良大会の宣言書」『六号雑誌』一八二号、二五ページ。
(3) 『近代日本とキリスト教』(明治篇) 創文社、二一三ページ。
(4) 『植村正久と其時代』第五巻、四三〇ページ。
(5) 「海老名弾正君」『太陽』一五巻九号、一九八ページ。
(6) 海老名弾正「伝道三十年」『新人』一五巻七号、一〇二ページ。
(7) 海老名弾正「回顧十年」(上)、『基督教世界』一二六六号、二ページ。
(8) 山路愛山は、「一九〇三(明治三六)年に出版された『独立評論』第三号の「海老名弾正氏の耶蘇基督伝を読む」で、「二三年来。余輩は静かに海老名氏の動静に注意せり」との言葉を記している」。
(9) 『植村正久と其の時代』第五巻、三一六、三一七ページ。
(10) 武田清子「海老名弾正評伝」『新人の創造』教文館、一三三ページ。
(11) 加藤常昭『日本の説教者たち』(1)、新教出版社、二一六ページ。
(12) 日屋根安定『教界三十五人像』日本基督教団出版部、一一五ページ。
(13) 鵜沼裕子『近代日本のキリスト教思想家たち』日本基督教団出版局、「富永徳磨」一三一—一五八ページ。

(14) 富永徳磨「基督は何物ぞ—宮川牧師異端問題を評して基督論に及ぶ—」『新人』一六巻一〇号、三六ページ。
(15) 同書、三一ページ。
(16) 湯浅与三『基督にある自由を求めて——日本組合基督教会史』二七〇ページ。
(17) 『小崎全集』第二巻、三五四ページ参照。
(18) 金森通倫『回想録』六八ページ。「通倫」は、「みちとも」が正しい呼称のようであるが、筆者はこの書では通称となっている「つうりん」を使用した。
(19) 海老名弾正「伝道三十年」『新人』一五巻七号、一〇一ページ。
(20) 海老名弾正「基督教縦横論(47)」『読売新聞』一九二九年八月一六日。
(21) ヴォルフガング・シャモニ(ハイデルベルク大学教授)「レッシングと赤司繁太郎」(前半)『日本自由キリスト教会』No.259、二〇〇九年八月号。
(22) 海老名弾正「レッシングの宗教思想」『新人』一巻一〇号、一〇ページ。
(23) 同書、一一ページ。
(24) 『高倉全集』第四巻、三六八、三六九ページ。
(25) 海老名弾正「第七講　新プロテスタント教」『新人』一六巻一号、八七、八八ページ。
(26) 久布白直勝「建設的基督論」『新人』一六巻一一号、四七、四八ページ。
(27) 今岡信一良「久遠の基督」『新人』一一巻八号、二五ページ。
(28) アキスリング「世界の宣教師の動き(中)」『読売新聞』一九二九年六月二三日。
(29) 同書。

(30) 海老名みや子「夫婦の愛情は如何にせば持続すべきか」『新女界』一巻二号、一六ページ。

第六章

(1) 海老名弾正『基督教大観』六二、六三ページ。
(2) 有賀鐵太郎「海老名弾正と希臘神学―歴史神学思惟の一研究―」『基督教研究』二二巻四号、七六ページ。
(3) 海老名弾正『基督教大観』一二六ページ。
(4)『植村正久と其の時代』第五巻、三一六ページ。
(5) 海老名弾正「罪の絶滅」『新人』一七巻一〇号、一四ページ。
(6) 海老名弾正「確信の根拠」『新人』二三巻九号、三、四ページ。
(7) 海老名弾正「緑蔭清話」『新女界』一巻四号、三四ページ。
(8) 海老名弾正『基督教大観』一三〇ページ。
(9) 同書、一三一ページ。
(10) 海老名弾正「基督教縦横論(5)」『読売新聞』一九二九年六月二六日。
(11) 海老名弾正「日本精神に於ける神の内在」『湖畔の声』、二六六号、二九ページ。
(12) 海老名弾正「基、仏論争に因みて我が神人観の一斑を述ぶ」『読売新聞』一九三一年五月二〇日。
(13) 同紙。
(14) 同紙、一九三一年五月一九日。
(15) 逢坂元吉郎「海老名氏の神観を質す」『読売新聞』一九二九年八月一一日。

(16) 海老名彈正「井上博士の批評に答ふ」『読売新聞』一九二九年八月一一日。
(17) 海老名彈正「新日本精神」京城講演、一三ページ。
(18) 海老名彈正「熊本バンド信教の由来」『ともしび』七八号、三ページ。
(19) 海老名彈正「日本基督教思想進転小史」『開拓者』二七巻四号、一八、一九ページ。
(20) 久米邦武「神教と世教との衝突」『太陽』八巻一二号。
(21) 海老名彈正「日本基督教思想進転小史」『開拓者』二七巻四号、一八ページ。
(22) 海老名彈正「世界平等力」『新人』一巻九号、一二、一三ページ。
(23) 「宗教の使命」『基督教新聞』七二六号、三ページ。
(24) 海老名彈正「再び男女の貞操を論ず」『新人』七巻八号、七、八ページ。
(25) 海老名彈正「基督教縦横論(38)」『読売新聞』一九二九年八月三日。
(26) 小崎千代子「矯風事業の今昔」『新女界』四巻九号、二九ページ。
(27) 海老名彈正「近代に於ける我国女性の自覚」『新女界』一巻三号、三二ページ。
(28) 海老名彈正「信仰の立脚地」『湖畔の声』一七四号、七ページ。
(29) 海老名彈正「幼少年時代の思出」其二。『新女界』一巻三号、三二ページに、この体験を別の形で記している。
(30) 海老名彈正「国民道徳の新方面」『人道』第八〇号、五ページ。
(31) 海老名彈正「信仰の立脚地」『湖畔の声』一七四号、七ページ。
(32) 海老名彈正「熊本洋学校と熊本バンドと」九ページ。
(33) 石田一良「明治時代の倫理思想―「忠君」「愛国」の倫理と近代日本人の精神構造―」一二三二ペ

ージ。
(34)『キリスト教神学事典』教文館、一一〇ページ。
(35) 海老名弾正「基督教縦横論(44)」『読売新聞』一九二九年八月一三日。
(36) 海老名弾正「新時代改造の根本義」『基督教世界』一八九八号。
(37) 海老名弾正「日本に於ける外国宣教師の使命」『新人』一〇巻三号、三ページ。
(38) 海老名弾正「新しき曙光」『護教』一一七一号。
(39) 海老名弾正「日本教化論(上)」『基督教世界』一三九五号。
(40) 海老名弾正「基督教より観たる自己実現」『新人』九巻四号、八ページ。
(41) 海老名弾正「教壇余響」『新人』一〇巻一号、一五ページ。

略伝（年表）

一八五六（安政　三）年　八月　二〇日（太陽暦九月一八日）柳河藩（福岡県柳川市）家禄百石の武家の長男として誕生。喜三郎と命名。

一八六五（慶応　一）年　五月　母、死去。

一八六五（慶応　一）年　秋　藩校「伝習館」で漢学を学び始める。

一八七二（明治　五）年　一月　熊本洋学校入学試験に合格。入学準備のため熊本に移住。

一八七二（明治　五）年　九月　熊本洋学校に二期生として入学。

一八七三（明治　六）年　九月　毎週土曜夜、ジェーンズ宅で始められた英語によるバイブルクラスに参加。

一八七五（明治　八）年　三月　バイブルクラスで、ジェーンズの祈禱の意義を聞き入信。

一八七六（明治　九）年　一月　三〇日　花岡山での「奉教趣意書」に署名。

一八七六（明治　九）年　六月　ジェーンズより受洗。クリスチャン・ネーム「ヤコブ」。

一八七六（明治　九）年　六月　熊本洋学校卒業。

一八七六（明治　九）年　九月　同志社英学校入学。

一八七七（明治一〇）年　夏休み期間　群馬県安中に夏期伝道に行く。

一八七八（明治一一）年　二月　学業を中断して、安中伝道に赴き、三月三〇日、新島襄を迎え「安中教会」創立。七月に同志社に帰校。

一八七八（明治一一）年　晩秋　第二の回心を経験。

一八七九（明治一二）年　六月　同志社英学校卒業。第一回卒業生。一五名の卒業生は、熊本洋学校卒の一期・二期生。

一八七九（明治一二）年一〇月　安中教会伝道師に就任。

一八七九（明治一二）年一二月　新島襄などを迎え、安中教会で按手礼を受け牧師となる。

一八八一（明治一四）年一二月　父、柳川で死去。

一八八二（明治一五）年　八月　喜三郎から弾正に改名。

一八八二（明治一五）年一〇月　横井小楠の娘で時雄の妹・横井美屋と結婚。

一八八四（明治一七）年一〇月　前橋に移転し伝道。

一八八六（明治一九）年一〇月　組合教会本部の決定により東京に移転。本郷に講義所を開設（本郷教会の前身）。

一八八七（明治二〇）年　七月　熊本に移転。一八八五年七月に創立された、講義所（草場町教会）を継承し牧師に就任。

一八八八（明治二一）年　四月　前年六月に開会した熊本英語学会を母胎として熊本英学校を設立、校長に就任。

一八八九（明治二二）年一一月　八七年一二月に開会した熊本女学会を母胎として熊本女学校を設立、校長に就任。

一八九〇（明治二三）年一〇月　組合教会本部の決定により、日本基督伝道会社仮社長に就任。京都に移転。翌年四月に社長に就任。

一八九三（明治二六）年　九月　アメリカン・ボードからの独立を主張し、伝道会社々長選挙で落選。

一八九三（明治二六）年　九月　神戸教会牧師に就任。

一八九五（明治二八）年一〇月　奈良で開催の組合教会教役者大会で、海老名が中心となり奈良宣言を採択。

一八九七（明治三〇）年　五月　本郷教会牧師に就任。

一九〇〇（明治三三）年　七月　『新人』創刊、主筆。

一九〇一（明治三四）年　九月　植村正久との間に、キリスト論論争。翌年五月頃まで。

一九〇八（明治四一）年　五月　スコットランド・エジンバラで開催の第三回万国会衆教会大会に日本組合教会を代表して参加。これが初めての欧米旅行で一二月に帰国。

一九〇九（明治四二）年　四月　『新女界』創刊、主幹。

一九一五（大正　四）年　七月　夫妻で渡米。一〇月に帰国。

一九一九（大正　八）年　二月　夫妻で欧米旅行。翌年一月に帰国。

一九二〇（大正　九）年　四月　本郷教会牧師を辞任し、同志社第八代総長に就任。

一九二八（昭和　三）年一一月　「御大典」中に御所に隣接の同志社の建物から出火した責任をとり辞任。総長在任は八年八か月。

一九二九（昭和　四）年　四月　東京に移転。

一九三〇（昭和　五）年　二月　本郷教会総会で名誉牧師に推薦・可決される。

一九三六（昭和一一）年一一月　夫妻乗り合わせた自動車の事故で負傷。
一九三七（昭和一二）年　五月　二二日死去。八〇歳八か月の生涯。

あとがき

「あとがき」に代えて、「なぜ海老名研究をするのか?」について記したい。

第一の理由としては、海老名は最初期の日本人プロテスタント・キリスト教の代表的人物でありながら、著作集・選集のような一次資料がないために、事実的な事柄で誤解されている人物なので、それを訂正したいとの思いがある。

第二には、やはり、初代のキリスト者で、もっとも魅力的な人物であるからである。海老名に魅力を感じるのは、筆者の経歴とも関係があるのかも知れないと思う。

筆者は、生粋のクリスチャンでなく、二〇歳で初めてキリスト教に接し、そのあと聖書の一字一句をそのまま信じる神学校で三年間学び、その後日本のプロテスタント神学校で最もリベラルな神学校とされる同志社に編入学し、修士論文は「エレミヤに於ける神の義」であった。

筆者は、劇的・瞬間的にキリスト教理解を変更したわけでなく、徐々に変更していったように思う。特に、今から考えると同志社修士課程の二年から博士過程在学中の四年間「日本基督教協議会(NCC)宗教研究所」の研究員であり、この間日本の諸宗教の実態にふれたことと、学業を終えたあと三つの大学に勤務し三五年の教員生活をし、一貫して担当したのが「宗教学」であった。この経歴が、「キリスト教と諸宗教」を生涯のテーマとするに至り、海老名研究に至ったのではないかと考えている。

海老名は、一八八一年一二月に父が死去した際に家屋を処分したので、柳川には実家は残っていない。

二〇〇四年九月一八日、海老名の誕生日に故郷柳川の「川下りコース」沿いに、柳川・久留米出身の同志社卒業生と同志社大学の協力で、「生誕の地」碑が建立され式典が挙行された。

筆者は、「碑文」を依頼され、海老名が一九二〇年四月同志社大学第八代総長として、就任した際の演説文より「私は人物が欲しい。これは私の苦闘であります。独り私の苦闘にあらずして日本の苦闘であります。願はくば、日本を世界に指導し行く所の人物を作り出したい」を選んだ。

海老名のキリスト教受容に対しては、人間中心・倫理的・キリスト教ヒューマニズムなど様々な評価がなされるが、武士道・儒教の伝統を踏まえてキリスト教を受容し、普遍的「人間の完成」を求めて真摯に生きたキリスト者であったのではないかと思う。

《著者紹介》

關岡一成（せきおか・かずしげ）

1938年生まれ。三重県出身。
同志社大学大学院神学研究科博士課程単位取得満期退学。
現在，神戸市外国語大学名誉教授。

海老名彈正に関する論考『海老名彈正——その生涯と思想』（教文館，2015年）。『日本の説教1　海老名彈正』（日本キリスト教団出版局，2003年），編集・解説を担当。『キリスト教と歴史』（新教出版社，1997年），「海老名彈正と天皇制」を執筆。渡瀬常吉著『海老名弾正先生』（復刻版）（大空社，1992年），解説を執筆。『「新人」「新女界」の研究』（人文書院，1999年），「海老名彈正の神学思想」を執筆。『韓国・朝鮮と向き合った36人の日本人』（明石書店。2002年），「海老名彈正」を執筆。その他，研究誌・雑誌に海老名関連の論文を多数執筆。

人になれ人、人になせ人——クリスチャン・サムライ　海老名彈正

2019年4月30日　初版発行

著　者　關岡一成
発行者　渡部　満
発行所　株式会社　教文館
〒104-0061 東京都中央区銀座4-5-1　電話 03(3561)5549　FAX 03(5250)5107
URL http://www.kyobunkwan.co.jp/publishing/
印刷所　モリモト印刷株式会社

配給元　日キ販　〒162-0814　東京都新宿区新小川町9-1
電話 03(3260)5670　FAX 03(3260)5637

ISBN978-4-7642-6141-9　Printed in Japan